明治十四年の政変

久保田 哲
Kubota Satoshi

インターナショナル新書 064

まえがき

私たちの日々の生活に関わっているもののなかで、二五〇年以上続いているものはどれだけあるだろうか。当たり前のように存在している国会、日本国憲法、霞が関を中心とする官僚制、都道府県――いずれも、二五〇年前の日本には存在していないばかりか、そのような存在や概念すら、一般にほとんど認識されていなかった。

そう考えると、二五〇年以上にわたって日本を統治してきた徳川家による政治体制は、奇跡的であった。江戸時代を生きる人びとにとって、徳川幕府は永遠に続くものとして捉《とら》えられていたであろう。しかし、その瓦解《がかい》は呆気ないものであった。

嘉永《かえい》六年（一八五三）にペリーが来航すると、それからわずか一五年足らずで徳川幕府は倒れた。慶応《けいおう》三年（一八六七）一〇月一四日、一五代将軍徳川慶喜《とくがわよしのぶ》は朝廷に大政奉還を申し出た。翌日、これを認める勅許が下される。徳川幕府は、ここに幕を下ろした。

一二月九日、朝廷は王政復古の大号令を発する。天皇のもとに総裁、議定《ぎじょう》、参与が置かれ、新たな政権が発足したのである。

以降の日本は、まさに激動であった。藩がなくなり、県が置かれた。身分制度も解体した。江戸は東京と改められ、天皇が京都から東京に移った。食べ物も、衣服も、髪型も、教育も、交通手段も、税金も、新たなもの・方法が広まった。まさに維新――「維《こ》れ新《あらた》なり」であった。

もちろん、反発もあった。とりわけ、さまざまな特権を奪われていった士族は、不満を募らせた。佐賀の乱や萩の乱など、士族反乱が相次いだ。明治一〇年（一八七七）には、近代日本最大かつ最後の内戦である西南戦争が勃発《ぼっぱつ》する。

現代を生きる私たちは、その後の歴史を知っている。明治政府がこれらを収めた歴史を。それでは、当時を生きる人びとはどうであろうか。彼らは、わずか一〇年前に、その存続を信じて疑わなかった徳川幕府の瓦解を目の当たりにしている。士族反乱により明治政府が瓦解するということも、決して現実離れした夢物語ではなかった。

しかし、明治政府はこれを乗り切った。少なくとも、内戦では倒されないことが自明となった。明治政府は、その基盤を確かなものとし、いよいよ腰を据えて議会開設や憲法制定といった近代国家の建設に向けて動き出すこととなる。明治政府の中心であった大久保利通《おおくぼとしみち》は、明治一〇年代を「最も肝要なる時間」と表現している。

その明治一〇年代も間も無く折り返そうという明治一四年（一八八一）一〇月、近代日本を方向づける政変が起こった。

明治一四年の政変である。


明治一〇年代に入ると、在野では議会開設要求が高まった。明治政府は、即座の議会開設を非現実的であると捉えながらも、将来的にはそれが必要であることを認識していた。そのため明治一二年末以降、伊藤博文《いとうひろぶみ》や山県有朋《やまがたありとも》、黒田清隆《くろだきよたか》などの参議が立憲政体に関する意見書を続々と作成した。その多くが、将来的な議会開設に肯定的な内容であった。

明治一四年三月、参議の大隈重信《おおくましげのぶ》が即時の議会開設を求める急進的な意見書を提出した。大隈が意見書を内密にしていたため、その内容が発覚すると、政府内では大隈への不信感が高まった。大隈の謝罪により事なきを得たが、その後、政府を揺るがす事件が起こる。

七月、明治政府が黒田の主導により、開拓使の官有物を破格の安値で黒田と同郷の五代友厚《ごだいともあつ》らに払い下げると報道された。すると在野では、これを薩長藩閥の弊害であるとみなし、政府批判が燃え上がった。大隈が閣内で払下げに反対したことが報じられると、肥前《ひぜん》出身の大隈は、反薩長藩閥の星に祭り上げられる。対して政府内では、大隈が薩長打倒を企て、情報をメディアにリークしたのだという大隈陰謀論が急速に広まった。いわゆる、開拓使官有物払下げ事件である。

ここにいたり、政府内では大隈の追放で意見がまとまる。もっとも、単に大隈を追放してしまえば、在野の政府批判の火に油を注ぐばかりである。あわせて、在野の要求する払下げ中止と議会開設も発表することで一致をみた。

かくして明治一四年一〇月一一日、御前会議が開催され、大隈の政府追放と開拓使官有物の払下げ中止が決定された。翌一二日、「国会開設の勅諭」が出され、九年後の議会開設が宣言された。

以上が明治一四年の政変の概要である。


明治一四年の政変は、何をもたらしたのであろうか。一般的な理解を紹介しておこう。まず、伊藤を中心とする薩長藩閥政権を確立させた。また、天皇が定める欽定《きんてい》憲法の制定や、イギリス流の議院内閣制でなくドイツ流の立憲君主制の採用が既定路線となったことも挙げられる。

在野に目を移せば、議会開設が宣言されたことで、民権派は議会開設・憲法制定という統一的スローガンを失った。財政面に着目すると、大隈による積極財政から松方正義《まつかたまさよし》による緊縮財政にシフトした。このように、政変の帰結は多岐にわたる。

以上からも推察されるように、明治一四年の政変は、複雑怪奇である。近代日本の分水嶺《ぶんすいれい》であったにもかかわらず、その複雑さゆえ、明治一四年の政変を正面から扱った一般書は、わずかに姜範錫《カンボムソク》『明治14年の政変――大隈重信一派が挑んだもの』（朝日選書、一九九一年）があるにすぎない。

同書は、それまでの研究を整理し、政変の経緯を詳細に追った労作である。しかし、明治一四年の大隈派の視点を重視しており、政変を俯瞰《ふかん》しているとはいい難い。明治一四年の政変は、大隈の政府追放のみならず、先に挙げたように、多様な帰結をもたらしている。政変を考えるためには、多角的な視点から、より長い期間の政治動向を検討することが不可欠なのである。

本書は、近年の研究成果を盛り込みつつ、大隈のみならず、伊藤、黒田、岩倉具視《いわくらともみ》、井上毅《いのうえこわし》、福沢諭吉《ふくざわゆきち》など、多様な人物の視点も踏まえ、さらに制度や政策面にも着目し、明治一四年の政変を改めて捉え直そうとするものである。

もっとも、どのような政治的事象も、一時期のみを眺めていては全体像をつかむことができない。政変の前後、つまり明治一〇年代を概観した上で、明治一四年の政変の原因や実相を明らかにするとともに、その帰結を再考することとしたい。

目次

第三章　第二世代の分裂――明治一四年前半

※引用史料などには、読みやすさを考慮して編集部の方で適宜、振り仮名などを補った。

序章　「最も肝要なる時間」
――明治一〇年代という時代

一　維新の三傑と明治日本

「人は生きてきたように死んでいく」

筆者は高校時代、「死への準備教育」なる授業を受けた。誰もがいつかは迎える「死」と正面から向き合うことにより、「生」の意味を問い直そうという授業であった。当時としては画期的な内容で、平成一〇年（一九九八）五月七日付の『読売新聞』朝刊の一面に、写真つきの紹介記事が掲載されたほどであった。

この授業のなかで、いまでも印象に残っている言葉がある。それは、「人は生きてきたように死んでいく」というものである。

いつも怒っている人は怒りながら死に、いつも感謝している人は感謝しながら死んでいく。死に様は生き様を映す鏡である、という意味である。当時、筆者は、この言葉が妙に腑《ふ》に落ちた記憶がある。

読者のなかには、なぜこのような話をしているか、意味がわからない方も多いであろう。明治一四年の政変と何の関係があるのか、訝《いぶか》しがる向きもあろう。

筆者自身、何もむやみに高校時代を懐かしがっているわけではない。「人は生きてきたように死んでいく」という言葉を思うと、いつの頃からか筆者は、維新の三傑——西郷隆盛《さいごうたかもり》、木戸《きど》孝允《たかよし》、大久保利通《としみち》の死に思いを馳せてしまうのである。

明治一四年の政変の起源をたどると、政変前の日本の舵取《かじと》りを担っていた三傑の死にまでさかのぼる。

そして、彼らの死に様は、まさに彼らの生き様のようであった。

維新の三傑

明治一七年(一八八四)、山脇之人《やまわきゆきと》が『維新元勲十傑論』という本を著した。同書では、明治維新の功労者として一〇名の事績が紹介されている。その一〇名とは、掲載順に西郷隆盛、木戸孝允、大久保利通、江藤新平《えとうしんぺい》、横井平四郎《よこいへいしろう》(小楠《しょうなん》)、大村益次郎《おおむらますじろう》、小松帯刀《こまつたてわき》、前原一誠《まえばらいっせい》、広沢兵助《ひろさわへいすけ》(真臣《さねおみ》)、岩倉具視《ともみ》である。このなかで、西郷、木戸、大久保が「明治の三傑」として特筆されている。

いまなお、彼らは維新の三傑として知られる。西郷は、文政《ぶんせい》一〇年(一八二七)一二月七日、薩摩《さつま》藩士西郷吉兵衛《きちべえ》の長男として生まれた。藩主島津斉彬《しまづなりあきら》に見出され、頭角を現す。斉彬の死後、不遇の時期を送るも、再び藩の中心に返り咲くと、藩を武力倒幕路線へと導く。戊辰《ぼしん》戦争では、政府軍を統括した。他方で、勝海舟《かつかいしゅう》と会談し、江戸城の無血開城を実現させた。

同じく薩摩藩の大久保は、天保《てんぽう》元年（一八三〇）八月一〇日、薩摩藩士大久保利世《としよ》の長男として生まれた。大久保は西郷とともに薩摩藩を、天皇のもとに幕府と諸藩が集って政治を行おうとする公議政体路線から武力倒幕路線へと導いた。

木戸は、天保四年六月二六日、長州《ちょうしゅう》藩医和田昌景《わだまさかげ》の次男として生まれた。天保一一年に桂《かつら》九郎兵衛孝古《くろべえたかふる》の養子となり、桂小五郎を名乗った。吉田松陰《よしだしょういん》の薫陶を受け、久坂玄瑞《くさかげんずい》や高杉晋作《たかすぎしんさく》らと連携し、長州藩を尊王攘夷運動へと導く。

幕末における三傑の接点の一つに、いわゆる薩長同盟がある。彼らは、薩長それぞれの代表者であった。薩長同盟については、その名称や内容についてさまざまな評価があるものの、結果として西郷・大久保と木戸の関係構築に寄与し、薩長の融和の足がかりとなったことは間違いない。

三傑は、維新後も活躍している。明治四年の廃藩置県の実現は、彼らの連携によるところが大きい。その後、大久保と木戸は、ともに岩倉遣欧使節団の副使として、約二年にわたって西洋へ渡り、条約改正交渉や西洋文明の調査に励んだ。一方で西郷は、岩倉使節団派遣中のいわゆる留守政府にとどまり、その中心的役割を果たした。

明治政府は、薩長の代表者である三傑に支えられることで、さまざまな近代化政策を推し進めることができたのである。

三傑の分裂

しかし、三傑の連携は、その後崩れてしまう。かねてから難航していた朝鮮との交渉のため、西郷隆盛は自らの使節派遣を提案する。西郷は、維新以降次々に特権を奪われた士族の不満を和らげたかった。当時の朝鮮に西郷が渡れば、殺害される可能性が高い。そうなれば武力行使の大義名分が立ち、朝鮮との戦争を通じて士族に活躍の場を提供できる。近年の研究では、当時の西郷が体調不良により心身のバランスを欠いていたとの指摘もなされている。

西洋調査から帰国した大久保利通や木戸孝允は、これに反対する。彼らは、外征を考える西郷に対し、内治優先を主張したのである。明治六年一〇月一五日、太政《だじょう》大臣の三条《さんじょう》実美《さねとみ》は西郷の朝鮮派遣を決定したが、心労により倒れた。太政大臣代理となった岩倉具視は、明治天皇

西郷隆盛

大久保利通

木戸孝允

に派遣決定を伝えるとともに、派遣反対の上奏文も提出した。その結果、西郷の派遣は無期延期となった。

一〇月二三日、西郷はこれに反発して辞表を提出すると、鹿児島へ向かった。鹿児島士族の多くも、西郷の後に続いた。西郷が政府に戻ることは、二度となかった。いわゆる明治六年政変である。

大久保と木戸の関係にも、ひびが入る。明治六年政変後、新設の内務卿に就任した大久保は、のちに「大久保政権」と称されるほど、その政治力を高めていった。大久保は、日本が西洋の文明国と肩を並べるために、殖産興業を最優先事項と捉《とら》えた。

これに木戸は反発する。木戸は、議会開設や憲法制定、権力分立を重視していた。翌年、台湾出兵に反対した木戸も政府を去った。

伊藤博文《ひろぶみ》や井上馨《いのうえかおる》、山県有朋《ありとも》など、長州藩出身者は、明治政府内に多くいたものの、やはり木戸の影響力には及ばない。明治八年に入ると、伊藤や井上の仲介により、大久保と木戸が会合した。いわゆる大阪会議である。

木戸は、政体改革を条件に、板垣退助《いたがきたいすけ》とともに政府に復帰した。明治八年四月一四日、「漸《ぜん》次《じ》立憲政体樹立の詔《みことのり》」が発され、立法を担う元老院および現在の最高裁判所に当たる大審院の設立、現在の都道府県知事に当たる者が集う地方官会議の開催が謳《うた》われた。木戸の権力分立への志向を反映させた形で政体改革が行われたのである。

鹿児島の西郷はというと、農作業で汗を流し、山野で狩猟に励む生活を送っていた。かたや西郷の側近たちは、西郷にしたがって帰郷した士族を教育し、統御するための「私学校」を創設した。学校といっても、その政治結社的色彩は濃厚である。私学校に集う士族、いわゆる私学校党は、明治政府を専制的であると批判し、その矛先を大久保に向けた。

鹿児島士族の不平が高まり、決起すべきであるという声が大きくなるなか、明治政府は鹿児島の動向を注視すべく視察団を送った。しかし、視察団は私学校党に捕らえられてしまう。拷問の結果、彼らは西郷暗殺計画を自供したとする供述書が作成された。

供述書の中身が真実であるのか、捏造《ねつぞう》されたものであるのかはわからない。確かなことは、この供述書が私学校党の怒りをもはや抑えきれないほど燃え上がらせた、ということである。決起に反対し続けた西郷も、それを悟った。

陸軍省が管轄する鹿児島の火薬庫を襲撃して弾薬や小銃などを奪った火薬庫襲撃事件など、私学校党の暴発を経た二月一二日、西郷は桐野利秋《きりのとしあき》、篠原国幹《しのはらくにもと》との連名で、率兵上京の届を鹿児島県令の大山綱良《おおやまつなよし》に提出した。西南戦争の火蓋《ひぶた》が切られたのである。

当初は、大久保も木戸も、西郷が挙兵に加わっているとは考えていなかった。三傑の紐帯《ちゅうたい》は、分裂してもなお完全に解きほぐされたわけではなかったのである。

木戸の死

西南戦争が勃発《ぼっぱつ》したとき、木戸孝允は内閣顧問兼宮内省出仕という立場であり、京都にいた。

維新以降の木戸は、明治二年の版籍奉還の際や明治六年政変のときなど、幾度となく体調を崩してきた。明治九年三月、参議の職を辞し、内閣顧問となっていた。もっとも、内閣顧問は名目だけの職であり、政策決定過程への影響力は持ち得なかった。

木戸自身、明治八年に政府に復帰して以降、政体改革に尽力したものの、思うように進まなかった。体調も悪化し、もはや政府内の役職に固執する気力も意欲も、木戸にはなかった。しかし、大久保利通や伊藤博文、岩倉具視は、木戸の存在を必要としていたのである。

木戸は、聡明であり時代の先を見通す識見を持っていたものの、反面慎重で愚痴っぽいところもあった、といわれることが多い。歴史学者の松尾正人《まさひと》氏は、木戸を「ある時は意気慷慨《こうがい》に弁じ、また時として愚痴を並べるが、実現に向けて一貫する熱意は大変である」と評する（『木戸孝允』）。

木戸と同時代を生きた者も、同様の評価をしている。伊藤は木戸に、聡明さゆえの心配性をみた。岩倉も、拗《す》ねて不平をもらすところが木戸の欠点であると語っている。

西郷挙兵の報に接した木戸は、国家に反旗を翻した西郷隆盛らを罰しなければならないと、断固たる対応と速やかな鎮圧を訴えた。他方で、維新の同志であり、「長州と薩州と合力同盟」

をともに成し遂げた西郷がこのような状態にいたったことに対し、語るに忍びないとの思いも抱いた（『木戸孝允日記』三）。

木戸の体調は、明治一〇年三月末頃より悪化する。四月末には外出もできなくなった。木戸は、病苦の辛《つら》さとともに、西南戦争の行方を案ずる書簡を書き連ねた。五月一九日には、明治天皇も木戸を見舞っている。

病床の木戸は、「西郷もう大抵にせんか」と叫んだという。五月二六日、鹿児島の行方を、日本の行方を憂いながら、木戸は逝った。四三歳であった。

木戸が目指した議会開設や憲法制定は、明治一四年の政変の結果、方向性が定まる。木戸の死から、約四年半後のことである。

西郷の死

西郷隆盛自身、西南戦争に関して多くを語っていない。しかし、いやそれゆえか、薩軍に参加した将兵のなかには、西郷がいれば政府打倒も可能であるという期待を持つ者が多かった。西郷のために死のうと考える者も同様である。西郷は、薩軍全軍の求心力を一身に背負っていた。

明治政府の側にいた山県有朋は、西郷の決起に複雑な思いを持った一人である。維新後の山県は、徴兵令の公布に代表されるように、軍制改革を推し進めてきた。もっとも、軍には薩摩出身者が多く、長州出身の山県は統率に苦慮した。そのような山県を救ったのが西郷であった。西郷も、山県とは長州出身者であるが、心が通ったと語っている。

西南戦争勃発後の四月、山県は西郷へ書簡を送った。そこには、次のように綴《つづ》られている。挙兵の名分が不明瞭な決起は、西郷の本心ではなく、西郷を慕った壮士の憤怒《ふんぬ》を抑えきれないなかで自ら担がれたのではないか。決起により西郷の功績が失われないためにも、これ以上の犠牲者を増やさないためにも、自決の決断を求めたい。そして山県は、「涙を揮《ふる》って之を草《そう》す」と締めた（『公爵山県有朋伝』中）。

山県の願い虚《むな》しく、その後も戦争は続いた。士気の旺盛《おうせい》な薩軍であったが、政府軍に勝ちきるだけの力は持ち得ない。九月に入ると、西郷らは鹿児島の城山に本営を置いた。政府軍による城山総攻撃の前日である九月二三日、西郷は、諸将と訣別の宴を催した。

翌二四日、政府軍の城山総攻撃がはじまった。政府軍の猛攻に前進を続けた西郷は、股《また》と腹部に銃弾を受けた。西郷は、傍にいた別府晋介《べっぷしんすけ》に「シンドン、もうここでよかろう」と語った（『西南記伝』中・二）。その別府に首を落とされ、西郷は死んだ。

『西南戦争』を著した小川原正道《おがわらまさみち》氏は、こう語っている。「西郷隆盛は、あえて真情を語ることも、自他の命を救うこともないまま、賊として死んだ」（『西南戦争』）。自決することなく、何かを語ることもせず、西郷を慕って死んでいった者たちと同じく、賊として死ぬことが、今《いま》際《わ》の西郷の決断であった。

西郷をはじめ、二〇〇〇名を超える薩軍の死者が眠る鹿児島市の南洲《なんしゅう》墓地には、今日でも来訪者が絶えない。西郷には、いまなお多くの理想が託されている。

大久保の死

明治六年政変後の大久保利通は、内務省を新設し、内務卿に就任した。内政を一手に引き受けた大久保は、殖産興業政策の推進や全国統一の地方制度の整備に尽力していく。

そのようなこともあって、大久保は専制的な政治家であったと評価されることも少なくない。非情とも冷酷とも評される。実際、大久保は周囲から恐れられていた。大久保が内務省に到着し、省内の廊下を歩く大久保の靴音が聞こえると、「階上階下共に雑談や笑声を止めて、省内は恰《あたか》も水を打ったように静まりかえった」という（『甲東逸話』）。

もっとも、大久保も人間である。悩みも悔いもあった。鹿児島の決起に西郷隆盛も参加していると聞いた大久保は、西郷とわかり合える人間は自分だけであり、直接説得すれば暴発を抑えられると考え、鹿児島に向かおうとした。これを聞いた伊藤博文は、大久保が鹿児島に行けば殺されかねないとして、必死に反対したという。

大久保は、西郷の暗殺など、毛頭も考えていなかったと語っている。しかし、視察団の供述書から暗殺計画をもたらされた西郷は、大久保に絶望した。鹿児島士族の怒りは、大久保に集められた。

ジャーナリストの清沢洌《きよさわきよし》は、大久保を自らの責任を放棄しない政治家であったと、高く評価している。帝国主義の時代において、批判にさらされながらも日本の近代化を推し進めねばならないと考えた大久保は、その責任感の高さゆえ、近寄りがたいイメージがつきまとい、あらぬ誤解も受けた。見方を変えれば、冷徹な政治家という大久保評は、自らの役割を見事に演じきった結果であるともいえよう。

大久保の殖産興業政策は、西洋諸国からの日本の見方を、徐々に変えた。西南戦争の終焉《しゅうえん》間際である九月一〇日付の"New York Times"は、日本が海洋国家として台頭してきたと伝えている。

西南戦争後の大久保は、殖産興業政策をさらに推し進めることを決意していた。「今後十年を期して、内治を整へ民産を起さざるを得ず」と、その決意を伊藤博文や大隈重信《しげのぶ》に語っている（『大久保利通伝』下）。

しかし、明治一一年五月一四日、大久保は紀尾井《きおい》町で石川県士族の島田一良《しまだいちろう》らに暗殺された（紀尾井坂の変）。島田の趣意書には、大久保は政治を私物化したために暗殺すると記されている。

暗殺された大久保の懐中には、維新当時の西郷の書簡があり、それが血で真っ赤に染まったといわれている。

大久保は、「専制政府の巨頭」と目されて死んだ。自らに課した役割を演じながら逝ったのである。

二　三傑後の明治日本――本書の主要人物たち

次なる一〇年

大久保利通は、暗殺される日の朝、福島県令山吉盛典《やまよしもりすけ》に次のように語った。

維新より一〇年あまりの月日が流れた。この間、内乱も多く、大久保自身国内外を駆け回り、まさに東奔西走という状態であった。そのため、内務卿としての務めも十分に果たせていない。しかし、ようやく国内に落ち着きがみられたことから、「維新の盛意を貫徹」していきたい

(以下、引用は『甲東逸話』)。

大久保は、それには三〇年は要するとして、維新から当時までの一〇年間を振り返り、今後二〇年の展望をこう示した。

大久保はまず、明治元年（一八六八）からの一〇年を第一期として、「兵事多くして則《すなわち》創業時間」であったと位置づけた。

二五〇年以上続いた徳川による政治体制が瓦解《がかい》し、武士をはじめとする身分制度も消え去った。版籍奉還、戸籍法、廃藩置県、秩禄《ちつろく》処分、地租改正――前時代より続く旧慣を打破するためのさまざまな施策は、大きな混乱もなく進められたといわれる。しかし、多くの特権を奪われた士族の不満は士族反乱を続発させた。そして、西南戦争の終焉により、大久保のいう第一期は幕を下ろした。

大久保は、次なる一〇年を「最も肝要なる時間」であると捉え、「内治を整へ民産を殖するは此時にあり」と喝破した。そして、「利通不肖と雖《いえど》も、十分に内務の職を尽さん」との決心を示したのである。大久保の見据える先には、殖産興業の完遂がある。これに失敗すれば、「民を苦しめ、国を害するの惨状」を招きかねないからである。

そして明治二一年から三〇年までの第三期を、大久保は「後進賢者の継承修飾するを待つもの」であると位置づけた。第二期までを成し遂げることが己の使命であると考えていたのであろう。

しかし大久保は、以上のように語った直後に暗殺された。「最も肝要なる時間」の主役と目されていた大久保は、突如として舞台から退いたのである。明治日本の舵取りは、三傑の次の世代に託されることとなった。

三傑の死後、主役は一人に定まらず、さながら群像劇のような状況であった。そこで、本書に登場する主要人物について、三傑の死去までの経歴を整理するかたちで紹介していこう。最後に、明治一四年の政変時点での年齢を付記する。また、幕末維新期の政治史の流れも同時に追う。当該期の歴史に詳しい読者は、以下を飛ばして第一章を読みはじめても差し支えない。

大隈重信

天保九年(一八三八)二月一六日、大隈重信は肥前藩士の信保《のぶやす》の長男として生まれた。幼名は八太郎。信保は肥前藩の石火矢頭人《いしびやとうにん》(砲術長)を務めていたが、重信が一三歳のときに病死してしまう。

七歳から藩校弘道館で学びはじめた大隈は、成績も優秀であった。しかし、朱子学を中心とする弘道館の教育は、大隈には窮屈であった。ペリー来航から三年後の安政《あんせい》三年(一八五六)、大隈は藩の蘭学寮に入学する。肥前藩主の鍋島直正《なべしまなおまさ》(斉正《なりまさ》。閑叟《かんそう》)は、開国して日本を発展させるべきであるという考えの持ち主で、蘭学教育にも積極的であった。とりわけ、医学や軍事技術の面では、肥前の蘭学教育は日本全国でもトップレベルであった。

大隈は、オランダ語の理解を深めると、物理、歴史、政治へとその関心対象を広げていった。

憲法の存在を、自由や権利という概念を知り、西洋文明を積極的に取り入れるべきであるという考えを強くしたのである。その後、大隈は蘭学寮教官になる。このなかで、世界の覇権をイギリスが握っていることを知り、蘭学から英学へと関心を移していった。

他方で、藩政改革も働きかけていく。藩金の運用や貿易にも関与し、外国商人とも接触した。藩の外交や財政に直接関わった経験は、その後の大隈にとって貴重な財産となった。慶応《けいおう》三年（一八六七）には、長崎で英学学校を開設し、自ら教鞭をとるとともに、教師として招聘《しょうへい》したアメリカ人宣教師フルベッキから、政治学やキリスト教などを学んだ。

大隈重信

時は前後するが、大隈は尊王論の影響を受けつつ、挙国一致で難局を乗り切ることを考えていた。そのため、元治《げんじ》元年（一八六四）の第一次長州征討に際しては、肥前藩が徳川幕府の側につくことを阻止しようと考える。しかし、文久元年（一八六一）に隠居しつつも藩の主導権を握っていた鍋島直正は、徳川幕府との連携を重視しており、これに耳を貸さなかった。

慶応三年三月、大隈は大政奉還を実現させようと、同じ肥前藩の副島種臣《そえじまたねおみ》とともに脱藩した。しかし、肥前藩士に捕らえられ、五月に肥前藩に送還されると、謹慎を命じられてしまう。そうしたなかで一〇月には徳川慶喜《よしのぶ》が大政を奉還し、一一月には王政復古の大号令が出された。大隈は、肥前藩が早急に薩長に協力すべきことを訴えるが、直正の動きは鈍かった。鳥羽《とば》・伏見《ふしみ》の戦いに関与する機会も失してしまう。肥前藩の維新への出遅れは、維新後の大隈ら肥前藩士が薩長の藩士よりも低いスタート地点に立つことを意味したのである。

慶応四年二月、長崎裁判所の参謀助役に任命された大隈は、外交事務に携わることとなる。大隈は、公平に職務を遂行し、周囲からの信頼を得た。長崎で長州藩士の井上馨との関係が深まり、彼の引き合いで三月一七日に徴士《ちょうし》*参与、外国事務局判事に任じられた。イギリス公使パークスをはじめ、西洋人との交渉で一歩も引かなかった大隈は、頭角を現していく。

元号が明治に変わった後の一二月二七日、大隈は外国官副知事に就任した。木戸孝允や薩摩出身の小松帯刀らが大隈の外交力を高く評価したのである。維新の志士としてほとんど功績のない大隈の同職への抜擢《ばってき》は、異例であった。

大隈は、西洋諸国と贋金《にせがね》問題に当たる。そこでは、財政の知識も必須であった。先述のとおり、幕末に財政に関与した経験を持つ大隈は、当時の財政を担っていた会計官御用掛の由利公《ゆりきみ》

*徴士とは、諸藩士はもちろん、身分にとらわれず全国から新政府に登用された官吏の呼称。行政各課の運営を担った。

正《まさ》を批判し、抜本的な通貨制度改革の必要性を訴えた。外国官副知事と会計官御用掛を兼任すると、以降外交と会計の両面で明治政府を支えていく。

大隈は、日本国内に各藩が割拠する状況を問題視し、中央集権的な体制整備を優先すべきであると考えるようになる。こうした考えを持つ若手官僚は少なくなく、伊藤博文や井上馨らとの関係を深めていった。彼らの集まりは、大隈の邸宅のあった場所にちなんで、「築地梁山泊《つきじりょうざんぱく》」とも称される。

明治二年七月の官制改革を経て、大隈は民部大輔《たいふ》と大蔵大輔を兼任し、民政と財政に深く関与していく。八月には大蔵省が民部省を吸収する形で両省が実質的に合併した。大隈は民部少輔と大蔵少輔を兼任する伊藤らと連携し、鉄道や電信の敷設を推進する。民衆が困窮している状況から批判の声も多かったが、大隈らはこれらが日本の発展に有用であるとの主張を曲げなかった。

結局、民蔵は分離されたが、政府中枢の大隈への信頼は揺るがなかった。明治三年九月、大蔵大輔兼任のまま参議に就任した。明治四年六月、参議を辞した大隈は、大蔵卿に就任した大久保利通のもと、大蔵大輔としての役割に傾注していく。

翌七月、廃藩置県が断行され、中央集権的な統治機構がひとまず誕生した。再び参議に就任した大隈は、翌年に迫った西洋諸国と幕末に結んだ不平等条約の改正期限を見据え、海外への使節団派遣を提案する。これは、岩倉具視を全権大使とする岩倉使節団に形を変え、大隈は参加者から外されてしまう。

日本に残った大隈は、岩倉や大久保、木戸、伊藤らが外遊中のいわゆる留守政府の中心として、開化政策をさらに推進しようとした。しかしこれには、盟友井上馨が立ちはだかった。大蔵大輔の井上は、悪化する政府財政を踏まえ、緊縮財政路線を採り、各省の予算要求を次々に退けたのである。多くの批判を受けた井上は、明治六年五月に大蔵大輔を辞任する。参議兼大蔵省事務総裁となった大隈は、明治六年政変後の一〇月には参議兼大蔵卿に就任する。以降の大隈は、内治優先を掲げ参議兼内務卿に就任した大久保を支え、殖産興業を推進するため、大隈財政と称される積極財政を展開していった。

明治一四年の政変は、四三歳で迎える。

伊藤博文

天保一二年九月二日、周防《すおう》国熊毛《くまげ》郡束荷《つかり》村（現在の山口県光市）に農民の林十蔵《じゅうぞう》の長男として生まれた。幼名は利助《りすけ》。のちに俊輔《しゅんすけ》、維新後に博文と改める。ペリー来航の翌年である嘉永《かえい》七年（一八五四）、父の十蔵が萩の足軽《あしがる》伊藤直右衛門の養子となったことにともない、利助も伊藤姓となった。

伊藤博文

萩では、吉田松陰の松下村塾に入門し、高杉晋作や久坂玄瑞らとの交流を通じて、攘夷思想の影響を強く受ける。また、木戸孝允や井上馨、山県有朋らとの親交も深めていく。吉田松陰が処刑された際には、木戸らとともに遺体を受け取った。

文久三年、井上馨らとともにイギリスへ密航する。九月、ロンドンに到着した伊藤は、西洋文明を目の当たりにし、攘夷の不可能さを知った。元治元年三月、長州藩が西洋諸国と衝突した報が入ると、攘夷という藩論を転換させるべく、井上とともにロンドンを発つ。わずか半年ばかりの留学であったが、日常会話程度の英語を習得したといわれる。

帰藩後、攘夷から開国への転換を藩上層部に訴えるも、聞き入れられなかった。しかし、長州藩が西洋諸国の連合艦隊に完敗したことで、結果的に伊藤のプレゼンスは高まった。また、長州藩と西洋諸国との交渉にあたって通訳として参加したことで、外交交渉力が養われた。

幕末の長州藩内にはさまざまな争いがあったものの、伊藤は木戸や高杉の信頼を得て、武力倒幕を標榜《ひょうぼう》し続けた。この間、大久保利通や黒田清隆《きよたか》、坂本龍馬《さかもとりょうま》、中岡慎太郎《なかおかしんたろう》といった他藩の志士たちとの交流も持った。

徳川幕府が瓦解し、維新政府が誕生した後の慶応四年二月、伊藤は徴士参与、外国事務局判事に任じられた。語学力や外交力を評価され、五月には兵庫県知事に就任した。神戸開港場を管轄する同職は、西洋諸国との外交交渉上重要なポストであった。

伊藤は、軍事力を背景に横暴さをみせる西洋諸国に接し、日本も中央集権化を図り、政府の基盤を強化する必要性を実感した。廃藩置県や常備軍設置を訴え出ている。兵庫県知事の頃より、大隈との関係も強まった。

その後、明治二年五月就任の会計官権判事《ごん》を経て、七月に大蔵少輔、八月から民部少輔を兼任した。この時期、伊藤と大隈、井上馨の立場は、木戸系の開明派少壮官僚であった。彼らは連携し、さまざまな開化政策を推進した。しかし、これには批判も多く、明治三年六月に民部省と大蔵省の兼任を解かれてしまう。彼らのブレーキを踏んだのは大久保利通であった。

大蔵省専任となった伊藤は、明治三年一一月から翌年五月まで日本を離れ、財政制度を学ぶためにアメリカへ渡った。帰国後の伊藤は、大蔵省の権限を強化し、税法改革や公債募集も行いつつ、殖産興業政策を推進すべきであると主張した。しかし、廃藩置県断行の前月である明治四年六月、大久保が大蔵卿に就任すると、伊藤の考える大蔵省改革は困難になった。

九月、伊藤は工部大輔に転任した。工部卿が空席であったため、工部省の実質的なトップとなった。殖産興業推進のためには、この上ない役職ではあったが、それには予算の後押しが欠かせない。伊藤にとっては不遇であった。

ところが一一月、伊藤が大久保とともに岩倉使節団の副使となったことで、両者の関係性に変化が生まれた。渡航中の伊藤は積極的な動きをみせたため、慎重な文明開化を思案した木戸との距離が徐々に広がっていった。かえって、開化政策の重要性を認識した大久保の信頼を得たのである。

外遊から帰国し、明治六年政変を経た一〇月、伊藤は参議兼工部卿に就任した。内務卿の大久保も殖産興業推進に舵を切り、殖産興業事業の中心は伊藤率いる工部省が担ったのである。その後も、台湾出兵や大阪会議での対応などを通じて、大久保の伊藤への信頼はさらに増していった。

木戸系から大久保系となった伊藤であったが、病気のため権力から遠ざかった木戸に代わり、長州グループの中心にもなっていった。このような伊藤が四〇歳のとき、明治一四年の政変が起こるのである。

井上馨

天保六年一一月二八日、周防国吉敷《よしき》郡湯田《ゆだ》村（現在の山口県山口市）に、地侍井上光享《みつゆき》の次男として生まれた。幼名は勇吉。のちに聞多《もんた》、さらに馨と改める。

安政二年、藩士志道《しじ》家の養子となる。同年に参勤交代にともない井上も江戸を訪れ、蘭学や砲術を学んだ。藩内では、尊王攘夷派の中心の一人となる。文久二年には、高杉晋作とともに外国公使襲撃を計画した。

　翌年、佐久間象山《さくましょうざん》の影響を受け、洋行を志す。同年、志道家から井上家に戻ると、伊藤博文らとイギリスに渡った。井上は攘夷派であったが、イギリスに到着する以前、すでに上海《シャンハイ》着の時点で攘夷が不可能であることを実感し、開国論に転じたといわれている。イギリスで長州藩の攘夷実行を知り、元治元年六月に伊藤とともに帰国した。

　同年九月、長州征討に際して武備恭順を主張すると、反対派に襲撃される。瀕死の重傷を負ったものの、奇跡的に一命をとりとめた。同年一二月のクーデターにより藩政を握ると、長州藩の代表の一人として、薩摩藩との関係構築に従事した。

井上馨

　維新後、明治新政府の参与に就任する。外交能力を買われた井上は外国事務掛も兼任し、長崎の浦上でキリシタンの弾圧事件を処理した。明治二年八月以降、造幣頭、大蔵大丞《たいじょう》、大蔵少輔を歴任するなど、活躍の場を財政に移す。井上は、大隈重信、伊藤らとともに大蔵省に在籍し、開明派と目された。

　廃藩置県後、井上は大蔵大輔に就任する。当時の大蔵省は、廃止された民部省の事務の多くを引き継ぎ、「大大蔵省」と呼ばれるほど広範な権限を持っていた。井上は、財政健全化を重視し、各省からの予算要求を退けた。他方で国立銀行を発足させ、政商保護政策を行った。

政府内では、井上に対する反発が高まった。西郷隆盛からは「三井の番頭さん」と揶揄《やゆ》され、江藤新平からは尾去沢《おさりざわ》銅山の私有を追及された。予算紛議も起こり、明治六年五月、井上は大蔵大輔を辞職し、政府を去った。

明治八年一月から二月にかけて、伊藤とともに、木戸孝允の政府復帰を目論《もくろ》み大阪会議をコーディネートした。井上は、「芋を一除」する、つまり薩摩グループの影響力を低下させる機会であると、木戸に力説している（『木戸孝允関係文書』一）。大阪会議により木戸が政府に復帰すると、同年一二月に井上も元老院議官として政府復帰を果たした。

復帰後の井上は、特命副全権大使として日朝修好条規の締結に当たった。明治九年六月から明治一一年七月まで、財政研究のために渡英した。この間、維新の三傑が没した。

井上は、立憲政治や健全財政を志向し、のちに条約改正の実現にも尽力するなど、近代化の先駆者であった。有能であり辣腕《らつわん》であったが、「雷公」と称されるほどの癇癪《かんしゃく》持ちでもあり、井上の周囲には政治抗争が絶えなかった。

明治一四年の政変を、井上は四五歳で迎える。

黒田清隆

徳川幕府の瓦解には、薩摩・長州両藩の果たした役割が甚大であった。それゆえに維新後、とりわけ明治四年の廃藩置県後、両藩出身者の多くが政・官・軍の中枢を占めていった。いわゆる藩閥である。土佐《とさ》・肥前を含んだ意味で用いられることもあるが、薩長と土肥の間には、埋めがたい隔たりがあった。明治一四年の政変も、この薩長藩閥の存在が大きく影響している。

先の伊藤博文・井上馨が、木戸孝允死後の長州グループの代表格である。かたや、西郷隆盛・大久保利通死後の薩摩グループの代表格は、黒田清隆であろう。

天保一一年一〇月一六日、薩摩藩の下級武士黒田清行の長男として生まれた。通称は了介《りょうすけ》である。嘉永四年二月、国際情勢に明るい島津斉彬が藩主に就任すると、藩内では西洋の実学教育が強化された。黒田も、こうした教育を受け、文久三年には江戸で砲術を学ぶ機会を得た。

黒田清隆

黒田は、西郷からの信頼を獲得し、坂本龍馬らとともにいわゆる薩長同盟の実現に尽力した。戊辰戦争では、主に参謀として参戦する。箱館戦争で旧幕軍を破ると、敵将の榎本武揚《えのもとたけあき》の助命に奔走し、これを実現させる。以後、外務権大丞、兵部大丞などを務めた。

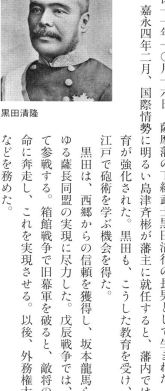

明治三年五月、黒田は開拓次官に就任する。当時の日本は、樺太《からふと》をめぐりロシアと対立しており、黒田は樺太専務となった。一〇月、いまの日本ではロシアに勝てないと考えた黒田は、樺太ではなく北海道の開拓に専念すべきであるとする建議を提出する。もとより内地優先を志向した大久保もこれに賛同したため、黒田の明治政府内の位置づけも高まった。

明治四年初頭、黒田は渡米した。北海道開拓のため、ホーレス・ケプロンの招聘を実現させる。なお、このときの黒田はヨーロッパも視察したとされるが、その詳細は不明である。

黒田帰国後の明治四年八月、明治政府は開拓使一〇年計画を策定し、北海道開拓の予算を従来の約五倍に増やした。黒田は一〇月に開拓長官代理に就任し、北海道開拓の実質的責任者となった。ケプロンの助力を得て、官営工場・農場を経営し、札幌農学校も創立した。なお、榎本は、明治五年三月に謹慎が解かれると、開拓使出仕となり黒田を助けた。

黒田は、西郷が下野した明治六年政変にあたって、内地優先を説く大久保にくみした。西郷にも、朝鮮への使節派遣の危うさを説いたが、聞き容れられなかった。

明治六年政変後の一一月、黒田は、北海道の開拓と防衛を担う屯田兵《とんでんへい》設置の必要性を説く建白書を提出する。これが受け入れられ、翌月に屯田兵設置が決定した。翌年一〇月には制度面も整備される。屯田兵は、「徒歩憲兵に編制し有事に際して速《すみやか》に戦列兵に転するを要す」と定められた（「太政類典」）。この間、明治七年六月に陸軍中将兼開拓次官、同年八月に陸軍中将兼参議兼開拓長官となった。

明治八年九月に起きた江華島事件を受けて、翌年一月、黒田は特命全権弁理大臣として朝鮮に渡った。翌月、日朝修好条規を調印した。翌年に西南戦争が勃発すると、黒田は三月から四月にかけて、警視隊などを率いて熊本で戦闘した。大久保の暗殺後、薩摩グループの領袖《りょうしゅう》となる。

黒田にとって、北海道開拓は悲願であり、大久保の遺産でもあった。明治六年一月に本籍を北海道に移したことからも、黒田の熱意を知ることができる。しかしながら、黒田の開拓熱が、明治一四年の政変に大きな影響を及ぼすこととなる。黒田が四〇歳のときのことである。

岩倉具視

岩倉具視

維新当初は、公家や諸侯が主要なポストを占めた。明治二年の版籍奉還にともない、彼らは華族と称された。しかし、明治四年七月に正院《せいいん》・右院・左院からなる太政官《だじょうかん》三院制が成立すると、華族は政府の要職から去り、士族層が名実ともに実権を握るようになった。こうしたなかで、士族層の上役であり続けた華族に三条実美と岩倉具視がいる。明治一四年の政変でも大きな存在感を示す岩倉を紹介しておこう。

文政八年（一八二五）九月一五日、前権中納言《ごんちゅうなごん》の堀河《ほりかわ》康親《やすちか》の第二子として生まれた。天保九年に岩倉具慶《ともやす》の養子となった。堀河家も岩倉家も下級公家である。

嘉永六年正月、五摂家の一つであり、関白を務める鷹司《たかつかさ》政通《まさみち》の知遇を得た。同年六月のペリー来航以降、岩倉は政治的発言を積極的に発信していく。安政五年二月、老中の堀田《ほった》正睦《まさよし》が通商条約の勅許を求めて上洛すると、岩倉は勅許を阻止するため、多数の公家とともに関白の九《く》条《じょう》尚《ひさ》忠《ただ》に直談判を要求した。この結果、幕府は勅許を得られず窮地に陥ったのである。

もっとも、この当時の岩倉は、下級公家の一人に過ぎず、孝明《こうめい》天皇や上級公家がこうした動きを暗に支持していたところが大きい。なお、岩倉は攘夷主義者であったものの、西洋文明を理解する重要性を認識し、外国への使節派遣なども考慮している。

井伊《いい》直弼《なおすけ》が大老に就任すると、いわゆる安政の大獄により幕府の権威は高まったものの、井伊が桜田門外の変で暗殺されたことで、再び失墜する。こうした折、長州藩や薩摩藩は朝廷との関係を深め、中央政局でのプレゼンスを高めた。岩倉は、薩摩藩と接近し、公武合体路線を採っていく。しかし、朝廷内では攘夷派の公家が力を持ち、岩倉は洛中から追放され、文久二年一〇月より洛北の岩倉村に追いやられた。

岩倉村での生活は、慶応三年までの約五年間に及んだ。もっとも、岩倉はこの間も同志の公家や薩摩藩との交流を欠かさなかった。第二次長州征討での幕府敗北を受け、岩倉は朝廷がこのまま幕府寄りのスタンスを続けるべきではないと考える。しかし、これには孝明天皇が反対であった。ところが慶応二年一二月二五日、孝明天皇が突如崩御したことで、事態は急変する。親幕府派の公家の影響力が低下し、岩倉に近い公家が勢力を増したのである。

慶応三年に入ると、岩倉も薩摩藩も武力倒幕を現実的な選択肢として考えるようになる。土佐藩が将軍徳川慶喜に大政奉還を求めるも、岩倉らはこれが実現しないとみて挙兵計画を進めた。彼らの考案に反し、「倒幕の密勅」を降下させた一〇月一四日、慶喜が大政奉還を上奏した。

一二月九日、王政復古の大号令が出され、幕府の廃止と総裁・議定《ぎじょう》・参与の三職を中心とする新政府の樹立が宣言された。岩倉は参与に就任した。この日の夜、小御所《こごしょ》会議が開かれ、慶喜の辞官納地をめぐって激論が交わされた。慶喜を擁護する土佐藩の山内豊信《やまうちとよしげ》（容堂《ようどう》）らを岩倉が一喝したという挿話があるが、これは事実ではない。実際は会議の合間に軍事的な恫喝《どうかつ》がほのめかされ、山内らが譲歩したのであった。

ともあれ、維新後の岩倉は、参与ののち議定に昇格した。翌年には新設の副総裁や輔相を務め、明治四年には外務卿や右大臣に就任した。以降、岩倉は死去するまで右大臣の地位にあった。若き明治天皇の教育にも熱心であり、東京奠都《てんと》や宮廷改革を推進した。

明治四年一一月には、特命全権大使として西洋諸国に渡った。いわゆる岩倉使節団である。

明治六年九月に帰国すると、征韓論をめぐる対応に追われた。西郷は、自らを使節として朝鮮に派遣することを訴えた。しかしそれでは西郷が暗殺され、戦争に発展する恐れがある。外征よりも内治を優先すべきであると主張する大久保らがこれに反発した。

太政大臣の三条は、辞職を暗示した西郷に配慮し、西郷の朝鮮派遣を決定した。今度はこれに反対する大久保や木戸が辞表を提出すると、三条は心労により倒れた。太政大臣代行となった岩倉は、明治天皇に派遣決定を伝えると同時に、反対の上奏文も提出した。結果、使節派遣は無期延期となり、西郷らは下野したのである。

西郷の下野は、士族の不満を一層高めた。明治七年一月、岩倉は赤坂喰違《あかさかくいちがい》で高知県士族に襲撃され、負傷した。以降、士族反乱が相次いだことは、既に述べたとおりである。

その後、大阪会議やそれにともなう政体改革などは、岩倉に事前に通告されず進められた。改革を進めてきた岩倉であったが、この時期になると保守的とみなされるようになっていた。もっとも、三傑よりも年長であり、キャリアや立場もある岩倉は、なおも明治政府内での存在感を示していた。他方で、次々と進められる開化政策に違和感を抱く華族らの期待も岩倉に寄せられた。

明治一四年の政変のとき、岩倉は五六歳になっていた。

井上毅

天保一四年一二月一八日、肥後《ひご》藩家老米田《こめだ》家の家臣飯田権五兵衛《ごんごべえ》の子として生まれた。慶応元年に井上茂三郎の養子となる。

藩の儒学者木下犀潭《きのしたさいたん》の薫陶を受け、さらに藩校時習館に学んだ。慶応三年には、江戸でフランス学を学ぶ機会を得た。時習館の先輩である横井小楠と対話した際、西洋文明の受容により生まれる弊害に強い関心を示したといわれる。

維新後の明治三年、大学南校に入る。翌年、司法省に出仕した。明治五年、井上は、欧州調査団の随員として渡欧し、新奇を好むフランスよりも好まないドイツに共感を示した。

明治六年九月に帰国すると、翌年には大久保利通の清国派遣に随行した。ここで大久保の信頼を獲得し、政府内で頭角を現していく。

井上毅

井上が伊藤博文の知己を得たのは、明治八年の頃と思われる。井上が書いた九州巡回の報告書を読んだ伊藤が、執筆者たる井上を高く評価したといわれている。また、明治八年に伊藤が新設の法制局長官に就任した際、井上は局員に名を連ねた。井上は同年、フランス人法学者ラフェリエールの著書を一部翻訳し、『王国建国法』として出版した。ドイツやベルギーの憲法を日本に紹介したのである。

明治一〇年に太政官大書記官、翌年に地方官会議御用掛を兼任し、次いで内務大書記官を兼任した。官僚として、政府の中枢を歩んだ。

井上は、日本が文明化するモデルとして、ドイツを標榜した。伊藤に加え、岩倉具視との関係も深め、両者の意見書の原案なども作成していった。

この井上は、明治一四年の政変のフィクサーと評される。三七歳のことである。

福沢諭吉

「政変」と称しても、明治一四年の政変では、政府の外部にいた人物も大きく関与する。ここに明治一四年の政変の特殊性があろう。その人物とは、福沢諭吉《ゆきち》である。

天保五年一二月一二日、太陽暦にして一八三五年一月一〇日、中津《なかつ》藩士百助《ひゃくすけ》の次男として、大坂に生まれた。勉強熱心であった百助は、福沢の生まれた日に中国の法令を記録した『上諭《じょうゆ》条例《じょうれい》』という稀覯本《きこうぼん》を入手した。ここから、「諭吉」と名づけられたのである。

百助が早逝したため、福沢家はすぐに中津へ戻った。福沢家は下級武士であり、福沢は子ども同士遊ぶときにも門閥を意識させられることがあったという。福沢はのちに、「門閥制度は親の敵」という言葉を残している。

ペリー来航の翌年である安政元年二月、長崎に留学する機会を得た。すでに漢学の素養を身につけていた福沢であったが、長崎で蘭学に触れたことが転機となった。

翌年には大坂の適塾《てきじゅく》に入門する。適塾とは、蘭方医の緒方洪庵《おがたこうあん》が開いた塾で、医学に限らずさまざまな蘭学を学ぶことができた。適塾からは、福沢のほか、大村益次郎や橋本左内《はしもとさない》、佐野《さの》常民《つねたみ》、長与専斎《ながよせんさい》といった面々が巣立っている。

安政五年、蘭学を修めた福沢は、藩命により築地鉄砲洲《てっぽうず》の藩邸内に蘭学塾を開くこととなった。これがのちの慶応義塾となる。翌年、福沢は横浜を見学した際、もはやオランダ語が世界の潮流ではないことを実感した。そこで、英学に転向する。もっとも、英学といっても、当時の日本国内ではほとんど認知されておらず、独学で学びはじめたのである。

福沢諭吉

万延《まんえん》元年（一八六〇）には、咸臨丸《かんりんまる》に乗り込み渡米した。翌年にはまた、幕府使節の随行として欧州にも渡る機会を得た。帰国後に刊行した『西洋事情初編』は、西洋の制度や理念を紹介したもので、大ベストセラーとなった。
幕末の福沢は、幕府側の立場から大名連合論を唱えていた。しかし、これは挫折し、徳川幕府が瓦解して明治新政府が樹立された。福沢は、新政府から出仕を求められるが、決して受諾しなかった。教育活動や執筆活動により、日本社会を文明国へと導くことを選択したのである。福沢の多彩な活動を執筆活動に絞っても、先の『西洋事情』のほか、大評判となった『学問のすゝめ』（明治五年）、「文明」について思索をこらした『文明論之概略』（明治八年）など、枚挙に遑《いとま》がない。「文明」の先駆者であり、言論界の「巨人」であった福沢の影響力は、確かに抜きん出ており、現在では譬《たと》える人物が見当たらない。反面、敵も多かったことも事実である。

こうした福沢が、忌み嫌った藩閥勢力と手を結ぼうとしたところに、明治一四年の政変が起こる。そのとき、福沢は四六歳である。

第一章　三傑後の「政治」——明治一一・一二年

一　開明派三参議の台頭

伊藤博文の内務卿就任

明治一一年（一八七八）五月一四日、大久保利通《としみち》が暗殺された。大久保は当時、参議、内務卿、宮内卿を兼任していた。

なかでも、内務卿はとりわけ重要なポストであった。内務卿とは、明治六年一一月一〇日、内政全般を担う機関として誕生した内務省のトップである。内務卿としての大久保は、勧業行政による国力の養成と警察行政による治安の維持を内務行政の基本目標に据えたほか、地方との密接な連携を通じて、全国統一の地方行政の徹底を図った。内務省は一大官庁であり、内務卿への就任は、三傑が不在となった明治政府の舵取《かじと》り役になることを意味した。

大久保暗殺の翌日、その内務卿に就任した人物は、伊藤博文《ひろぶみ》であった。明治七年に大久保が台湾出兵後の北京《ペキン》談判で離日していた際、伊藤は内務卿代理を務めた。伊藤はまた、明治一一年四月から五月に開かれた地方官会議の議長も経験している。西南戦争時にも伊藤は大久保と連動しており、難なく内務卿の席をせしめたのである。

しかし当時の伊藤は、大久保のように明治政府を主導していけるほどの政治力を持っていた

明治13年の中央官制

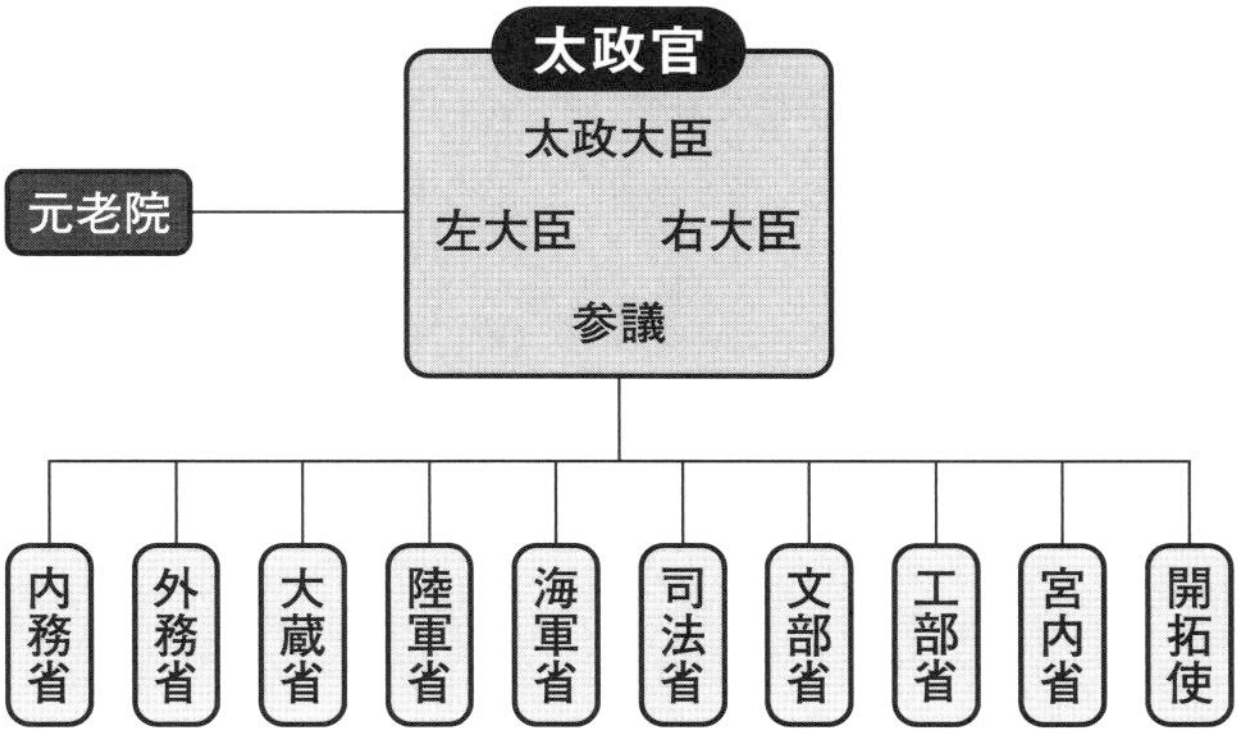

わけではない。伊藤は右大臣の岩倉具視《ともみ》との連携を重視しつつ、明治政府内での基盤強化のために二つの勢力を意識せざるを得なかった。それは、薩摩グループと宮中グループである。三傑の死後も明治政府を安定的なものにしていくためには、薩摩グループとの協調が必須であった。明治政府は、薩摩出身者と長州出身者が主要ポストの大半を占めていたからである。また、大久保の晩年から勢力を伸ばしてきた宮中グループも気がかりな存在であった。

本書ではまず、後者についてみていこう。

宮中グループの思惑

暗殺前の大久保利通は、日本の国内政治を安定化させるため、天皇制を機軸とする統治機構の確立を考えていた。その大久保に、天皇に学問を講じていた侍講の元田《もとだ》永孚《ながざね》ら宮中グループが接近する。西南戦争中の明治一〇年七月、大久保と元田による会談が開かれた。大久保は天皇の権威により民心を落ち着かせることの重要性を述べ、元田は天皇を補導する役職の新設を訴えた。

かくして八月、天皇の統治能力を養成するべく、宮中内に侍補《じほ》が設置された。元田のほか、吉井友実《よしいともざね》や土方久元《ひじかたひさもと》、徳大寺実則《とくだいじさねつね》などが侍補に任命された。全体としては宮内省からの横滑りが多く、岩倉具視と近い面々であった。翌年三月には、岩倉の推挙により佐佐木高行《ささきたかゆき》が侍補に就任する。土佐《とさ》出身の佐佐木や土方は、板垣退助《たいすけ》らの自由民権グループとは異なり、急激な西洋化を疑問視する保守派であった。彼ら宮中グループは、政府内でさまざまな近代化政策を推進する伊藤などとも距離を置いており、天皇親政の実現を企図していた。

むろん、政府内では、宮中グループへの警戒はあった。侍補設置に際して、宮中グループの勢力拡大を厄介視した伊藤博文が「傅」や「中」を避けて「補」の字を当てることに固執した。また、九月には三条実美《さねとみ》と岩倉が、侍補に政治への不干渉を確認している。

ただし、彼らが天皇の存在を軽視していたわけではない。伊藤は、大久保と同じく、天皇の権威により明治政府の強化と国内の安定化を実現させようと考えていた。そこで、九月には天皇の内閣への日々臨御《りんぎょ》や公文の奏上手続きを臨御の際に行うことを決定した。伊藤と宮中グループとでは、天皇親政を「名」とするか「実」とするかで、意見を異にしていたのである。

両者の違いは、大久保の暗殺後、より明瞭となる。明治一一年五月一八日、侍補は天皇親政、天皇と内閣の密接化、内閣へ臨御の際に侍補が同席することなどの要求を明治天皇に直接奏上した。侍補が大臣に相談せず直接奏上することは前代未聞であった。

侍補の異例の行動を受け、岩倉は伊藤に相談を持ちかける。伊藤は、天皇親政や天皇と内閣の密接化は否定されるものではないが、侍補の同席は侍補を政治に関与させることにつながりかねず、これを問題視した。

詳細は後述するが、七月になると、侍補は井上馨《かおる》の工部卿就任という伊藤が望んだ人事案に反対する。伊藤と同様に近代化政策を推進する井上を警戒し、佐佐木を工部卿に推挙したのである。侍補の主張はとおらず、井上は七月二九日に参議兼工部卿に就任した。これに対して佐佐木は、「三条・岩倉両大臣ナレ共、何分薩長ノ情実ノ為メ、大臣ノ権力モ及バザル処アリ」と考え、批判の矛先を薩長藩閥に向けた（『保古飛呂比《ほごひろい》　佐佐木高行日記』八。以降、『保古飛呂比』と略）。その後、宮中グループは、人事に加え政策へも口を挟むようになっていく。天皇親政の名のもとに、薩長藩閥の影響力低下を企てるのである。

政策論争については次節に譲り、先に各勢力の動向を整理しておこう。

薩摩グループの思惑

大久保利通の死後、薩摩グループの実質的トップは参議兼開拓長官の黒田清隆《きよたか》であった。しかし、大久保の死が「政治」に与える影響を、黒田がどのように考えたのかは史料が残っておらず明らかにできない。

薩摩グループのなかで、大久保暗殺を受けて明治政府内の権力構造の変革をいち早く悟った者は、政商の五代友厚《ともあつ》である。大久保暗殺の翌々日、五代は、パリに出張中であった大蔵大輔《たいふ》兼内務省勧農局長の松方正義《まさよし》に次のような書簡を送った。

五代友厚

五代はまず、井上馨の政府復帰を警戒する。ただし五代は、内務卿となった伊藤博文も勧業政策を推進すると予測され、井上も大蔵省の積極財政を表立って批判できないだろうとみた。内務卿の伊藤と大蔵卿の大隈重信《しげのぶ》が連携して「大久保遺志」を継承すると考えられ、彼らといかなる関係を構築するかが、今後の薩摩グループを左右する（『大隈重信関係文書』三〈東京大学出版会〉）。黒田と西郷従道《つぐみち》にも同様に助言するという。

ここでいう「大久保遺志」とは、殖産興業政策の推進であろう。そのためには、積極財政を堅持せねばならない。薩摩グループにとって、積極財政を批判し財政健全化を訴えた井上は政敵である。五代としても、自らの商売を考えても、積極財政が好ましかった。

五代の書簡はこう続く。将来的に薩長の対立は不可避である。知慮の面で長州グループに劣る薩摩グループは、大隈を取り込むほかない。大隈との関係を深められる人物が松方以外にいないため、早く帰国してほしい。

五代は、大隈との連携に向けて、自らも動いた。六月五日に大隈へ書簡を送り、西郷と仲良くやってほしいと依頼した。同時に、三条は長州グループとの関係が深いであろうから、岩倉との関係をこれまで以上に大事にしてほしいと願い出たのである。

もっとも、当時、大隈と岩倉の関係は良好なものであった。しかし、政治家の関係は、移ろいやすいものである。これを理解していた五代は、岩倉の信用を失わないよう注意することを大隈に書き添えた。

また、七月一七日には、薩摩出身であり、かつて大蔵省で大隈の部下であった吉田清成《よしだきよなり》が、五代の官僚復帰を大隈に提案した。ただし、政府内で話が進まなかったのか、そもそも五代にその意思がなかったのかは定かでないが、五代の官僚復帰は実現しなかった。

積極財政維持という財政政策のためだけでなく、大久保死後の明治政府にあって、薩摩グループが存在感を示すには、薩摩グループ単独ではなく、開明派参議の大隈との連携が肝要であると考えられたのである。

人事をめぐる薩摩グループへの配慮

宮中グループに対しては、その政治関与に厳しい姿勢で臨んだ伊藤博文であったが、薩摩グループへは配慮を示す。それは、岩倉具視と連携して実行した人事に現れる。五月二四日、大久保利通の死により薩摩出身者が減った参議に、西郷従道が文部卿兼任として就任した。また、同日には同じく薩摩出身の川村純義《かわむらすみよし》が参議兼海軍卿に就任している。

なお、参議とは、事実上国政を審議する役職である。しかし、近代的な内閣制度は、未だ整備されていない。制度上は、太政大臣・左大臣・右大臣の補佐が役割であった。天皇と参議の間には、実質的な決定権を持つ三大臣が介在していたのである。参議の合議体が内閣と称されていたものの、上奏権は大臣のみが持つ。また、行政長官である省卿には、内閣への参加資格はない。

さて、五月二四日の人事により、参議の構成は以下のようになった。伊藤博文（長州、内務卿）、山県有朋《ありとも》（長州、陸軍卿）、黒田清隆（薩摩、開拓長官）、寺島宗則《てらしまむねのり》（薩摩、外務卿）、西郷従道（薩摩、文部卿）、川村純義（薩摩、海軍卿）、大隈重信（肥前、大蔵卿）、大木喬任《おおきたかとう》（肥前、司法卿）。

薩摩が四名であるのに対して、長州と肥前が各二名である。伊藤は、六月一一日に五代と鮫島尚信《さめじまひさのぶ》（薩摩）に、大久保の死は国家の危機であるが、新たに卿に就任した西郷や川村と協力して国事に当たっていく旨を伝えている。伊藤は、薩摩グループにできる限りの配慮をみせたのである。

当時は、明治政府が誕生してから、わずか一〇年あまりである。しかも、その立役者であった維新の三傑が相次いで帰らぬ人となった。先述したように、宮中グループは薩長中心の政治に関与しようと工作し、後述するように、在野では自由民権グループが言論による政府打倒を目指していた。

こうした状況にあって、伊藤の最大の関心は、薩長の連携による政府の基盤強化であった。それはすなわち、薩長の権力バランスを整えることにほかならない。大久保の死により影響力低下が免れない薩摩グループへの配慮は、伊藤にとっても自らの立場を守ることにつながったのである。

井上馨の政府復帰

他方で、長州グループの拡大も必要であった。伊藤博文は、かねてから検討されていた井上馨の政府復帰を後押しする。伊藤が内務卿に就任したことで空席となった工部卿に井上を当てようと考えた。

しかし、政治への介入を考える宮中グループもそこに目をつける。しかも開明派の井上の政府復帰は、保守的な彼らにとって最も避けたいものであった。宮中グループは、侍補の佐佐木高行を工部卿に推挙した。三条実美・岩倉具視の両大臣にこれを建言したばかりでなく、天皇にも申し出たのである。

伊藤としては、宮中グループに対抗するためには、内閣の結束が求められた。そこで伊藤は、大隈重信に井上の政府復帰への協力を依頼する。七月一九日、大隈は井上の工部卿復帰の必要性を説く上奏を行った。

もっとも、大隈としても財政論の違いこそあれ、同じく開明派でありかつての「梁山泊《りょうざんぱく》」以来関係を深めていた井上の復帰は好ましかった。だからこそ大隈は、井上の復帰がなければ自らも政府を去る、と強く主張したのである。

伊藤はまた、山県有朋にも井上復帰への助力を依頼している。三条・岩倉への説得を依頼するとともに、場合によっては上奏も視野に入れてほしいとの書簡を送ったのである。

伊藤の根回しは功を奏し、七月二九日、井上が参議兼工部卿に就任し、政府復帰を果たした。明治政府の権力基盤には、薩摩と長州の連携が重要であったことはもちろん、薩摩と長州の間の絶妙なバランスも肝要であったのである。さらに、開明派の参議を増やすことも、伊藤の意図であった。

竹橋事件

大久保利通死後の人事が落ち着いたと思いきや、新たな事件が勃発《ぼっぱつ》する。八月二三日夜、皇居の門の一つである竹橋門内にあった近衛砲兵大隊の兵士たちが反乱を起こした。いわゆる竹橋事件である。

財政難により、西南戦争の恩賞が大尉以上に限定され、さらに兵卒の給与や支給品も削られた。これに不満を持った兵士たちが三人の将校を殺害し、明治天皇に強訴しようとしたのである。数時間後に鎮圧されたものの、翌年にかけて、五五名が死刑となるなど、約四〇〇名が処罰の対象となった。

九月、陸軍卿の山県有朋は、ストレスにより療養に入った。これを受けて西郷従道が陸軍卿を兼任した。山県は一一月七日に復帰するものの、陸軍卿の留任は竹橋事件の責任もあって難しい。そこで伊藤博文は、岩倉具視らと相談し、西郷を文部卿から陸軍卿に転任させ、山県を陸軍参謀局長に就任させることとした。

もっとも、参謀局長というポストは、陸軍卿と比べれば格落ちである。薩長のバランスを考慮したとき、山県の影響力低下は伊藤にとって好ましくない。そこで伊藤は大隈重信に交渉し、参謀局の定額費*の増額を約束させた。軍の統一と強化を確保するためにも、参謀本部の独立は重要であった。

*この当時、官庁の通常歳出は、定額費と額外常費に分かれていた。定額費は、大蔵省が毎年の歳入をみて定め、年度中の増減を許さないものであった。

こうして、できる限り山県に傷をつけない形で竹橋事件は幕引きとなったのである。

内務省内の権力争い

さて、順調に政治力を高めていったように思われる伊藤博文であるが、すべてがうまくいったわけではない。伊藤がトップを務める内務省内でも、薩長の綱引きが繰り広げられた。

五代友厚が、薩摩グループの影響力低下やそれにともなう積極財政の見直しなどを警戒し、大隈重信や松方正義に接近したことはすでに述べた。五代は、さらなる手を打つ。内務省勧商局長の河瀬秀治《かわせひでじ》を大隈と結びつけ、殖産興業政策への伊藤の影響力低下を画策したのである。

河瀬は、大久保利通の存命中より、勧商局の大蔵省への移管を建言していた。当時の勧商局長は大蔵大輔の松方が兼務しており、実質的に大蔵省の影響下にあったためである。大隈・薩摩グループ・河瀬のいずれにとっても、積極財政が求められる殖産興業政策のためには勧業政策を大蔵省が主導することが望ましかった。

この時点で、勧商局の大蔵省移管は見送られたが、伊藤の勧業政策への関与は限定的なものとなった。ただし、当時の伊藤は、積極財政に否定的であったわけではない。しかし、一一月から一二月にかけて、伊藤は内務卿辞任をほのめかした。井上馨を内務卿に据えようと考えていたと思われる。

岩倉具視や井上の説得により伊藤は内務卿に留まったものの、薩摩グループにとって、勧業政策を大蔵省の主導とすることは喫緊の課題と認識された。結局、河瀬の執拗《しつよう》な訴えもあり、明治一二年一月、勧商局は内務省から大蔵省に移管された。

こうして、大隈と薩摩グループが望んだように、従来の積極財政による殖産興業推進の継続が保証された。それはまた、薩摩グループの領袖《りょうしゅう》である黒田清隆が熱を入れていた北海道の開拓にも、追い風となることを意味したのである。

大隈重信の政治意識

ここまでみたように、伊藤博文が機をみるに敏であったことは間違いない。バランサーとしてのセンスを最大限に発揮しつつ、伊藤は徐々に政府の中心的立場を確固たるものにしようと考えていた。

他方で、参議として最古参となった大隈重信は、大久保利通の死を受けて何を考えたのであろうか。伊藤と違い、大隈は藩閥という強力な後ろ盾を持たない。もちろん、肥前出身という点は、その他多くの藩出身者よりも有利に働くであろうが、薩長の強大さと比較すれば、微弱なものである。大隈は、伊藤や井上馨といった長州グループの開明派、大久保や五代友厚という薩摩グループと絶妙な関係を築きつつ、財政や外交で実績を挙げ、明治政府でのし上がっていったのである。その大隈にとって、財政面で実績を挙げ続けることは至上命題であった。

ところで、西南戦争の戦費調達のため、明治政府は多額の借金をした。政府には多額の余剰金があったものの、大隈はこれを準備金に繰り入れて財政投融資を実施しようと考え、大規模な紙幣発行に舵を切った。

とはいえ、四〇〇〇万円以上となった戦費は、明治一〇年の計上歳出の九割強に上った。これほど巨額の財政支出は、インフレーションを招いた。こうして、西南戦争後のインフレ対策が、大隈に課せられたのである。

大隈はインフレの要因を、紙幣の増発ではなく、輸入超過により正貨《せいか》（洋銀）が流出し銀価格が高騰したことに求めた。そのため、大久保存命中の明治一一年三月から四月にかけて、大隈は大久保とともに殖産興業政策を推進すべく、起業公債一二五〇万円の募集に踏み切った。

むろん、大隈とて紙幣の消却を考えていなかったわけではない。大久保死後の八月二九日には、「公債及紙幣償還概算書」を正院《せいいん》に提出している。ただしこれは、実質的な紙幣消却の実行を二三年後の明治三四年からとする、きわめて緩やかな計画であった。

もっとも、現実は大隈の描いたようにはいかなかった。大隈の想定以上にインフレが進むのであるが、この点は次節で詳述しよう。

このように大隈は、大久保の死後も財政に傾注していた。他方で、薩長のいずれにも属さない大隈の存在は、どの勢力にとっても、引き込む価値のあるものであった。

五代が松方らに大隈への接近を提言したことはすでに触れた。五代の大隈への期待は高く、自らも大隈にアプローチを試みる。明治一二年一月一〇日、五代は大隈に次のようなアドバイスを送った。

すなわち、「愚説愚論を聞くことに能《よ》く堪《た》へ」るべきこと、「己《おのれ》と地位を不同《おなじゅうせざ》る者、閣下の見と其《その》論説する処《ところ》五十歩百歩なる時は、必す人の論を賞《ほめ》て是《これ》を採用す」べきこと、「怒気怒声を発するは其徳望を失」ってしまうから慎むべきこと、「事務を裁断する、其勢の極に迫るを待て之を決す」べきこと、「己其人を忌む時は其人も亦《また》己を忌むへし。故《ゆえ》に己の不欲人《ほっせざる》に勉《つとめ》て交際を弘められん事を希望す」ること、という五点である（『大隈重信関係文書』五〈みすず書房〉）。

五代は、大隈とは友人であり、大隈が国家を背負うべき人物と見込んだからこそ、あえて苦言を呈したと付言する。五代がこういった書簡を大隈に送ったことは、その期待が高かったゆえであろう。

有能な大隈ゆえに苛立《いらだ》ちを覚えることも少なくなかったということは、一般論としても想像しやすいものである。ただし、五代の書簡のみで大隈の人柄を断定することは控えねばならない。大隈自身、人的つながりに配慮していたことは間違いない。

事実、大隈は、大久保死後の明治政府を主導しようとする伊藤に追随した。井上馨の政府復帰を後押ししたことは、その証拠である。先述のように、大隈にとっても、開明派の井上の政府復帰は望ましい人事であった。また、財政面では薩摩グループとの連携を重視した。薩長藩閥という後ろ盾を持たない大隈にとって、人的つながりに慎重であったことは当然であった。

それゆえ大隈は、新たな人的つながりの構築も模索する。図らずもこの時期、薩長のいずれのグループにも属さない人物が大隈にアプローチしてくる。福沢諭吉《ゆきち》である。

福沢諭吉と大隈重信

福沢諭吉というと、「政治」から一貫して距離を置き、「私立」の立場にあった人物として知られる。しかし、福沢自身は「政治」に無関心であったわけでは決してなく、明治政府内の人間とも積極的に交流をしていた。大久保利通が暗殺された紀尾井《きおい》坂の変の翌々日には、伊藤博文に書簡を送り、政府要人の身辺警護を勧告している。また、明治一一年七月には、福沢門下生の中上川彦次郎《なかみがわひこじろう》と小泉信吉《こいずみのぶきち》が井上馨に抜擢《ばってき》され、中上川は工部省に、小泉は大蔵省に出仕することとなった。

福沢との交流が多かった一人に、大隈重信がいる。大隈は「エンサイクロペヂャ」（百科全書）の編集担当候補者を福沢に依頼し、福沢は門下生の矢野文雄《やのふみお》（龍渓《りゅうけい》）を推挙した。結局これは見送られたが、矢野は大蔵省三等書記官に就任した。なお、のちに矢野は、明治一四年の政変の要因となる大隈の立憲政体に関する意見書の実質的起草者となるが、もちろんこの当時の大隈と福沢は、それを知る由もない。

大隈と福沢の関係は、政策とも連関している。明治一一年二月、大隈の手引きにより、福沢は地方の有志とともに大蔵省の金庫を見学した。大隈としては、地方の有志に政府財政を信用させたい意図があった。これを受けて三月三日と八月二日の二度、福沢は大隈に宛てて、政府が洋銀を売り出し、インフレを沈静化させるべきであるという、大隈財政を支持する書簡を送っている。五月、福沢は『通貨論』を発表し、政府の信用があれば紙幣発行への不安は不要であると主張した。大隈財政への援護射撃である。

福沢は、私的な相談も大隈に投げかけている。福沢が創立した慶応義塾は、明治一〇年頃より学生数が減少し、一一年から一二年にかけて、深刻な経営危機に陥った。福沢は当初、文部省に支援を依頼した。ところが予算に余裕のない文部省から色よい返事がなかったことから、大蔵卿の大隈に相談を持ちかけたのである。大隈よりアドバイスを受けた福沢は、慶応義塾の維持資金借用という名目ではなく、製茶輸出資金という名目で大蔵省に出資を依頼する案文を送った。

さらに福沢は、伊藤とも面談し、資金借用を依頼した。これも大隈のアドバイスによるものと推察される。もっとも福沢によれば、伊藤はこれに異論がなさそうであったものの、慶応義塾のみを優遇することで依怙贔屓《えこひいき》であるとの批判を招くのではないかと懸念したようである。

明治一二年に入っても福沢は、大隈・伊藤・井上・黒田清隆・寺島宗則・西郷従道・川村純義といった参議連に相次いで書簡を送り、資金借用を依頼した。しかし、福沢の依頼は叶わず、六月にはこれを取り下げた。福沢はその原因を、伊藤や井上が反対した結果、大隈が押し切られたのだと推測した。福沢は大隈への謝意を持ち続け、横浜正金《しょうきん》銀行の設立などに尽力していく。

なお、福沢は大隈を中心とする参議のみならず、右大臣の岩倉具視とも接点があった。明治一二年二月七日、福沢は「華族を武辺に導くの説」という建白を岩倉に送った。福沢は、慶応義塾に在籍した華族から、その学力不足や生活の腐敗ぶりを目の当たりにし、まずはその名望を生かせる軍人になることを提案したのである。

折しも岩倉は、華族が軍務を担おうとしないことを憂えていた。そこでこの建白を華族の各族管長に示し、意見を求めた。明治一四年の政変前後には、華族をめぐる議論もあったが、その底流はすでにこの時点で存在したのである。

在野の状況

さて、ここまで主に明治政府内の動向を追ってきたが、在野にも目を向けてみよう。西南戦争に乗じて、自由民権グループ内では挙兵計画が練られた。しかし、政府軍が優勢であるという戦況が伝えられると、これは下火になる。結局、挙兵計画の主導者であった林有造《はやしゆうぞう》らが逮捕された。板垣退助を中心とする自由民権グループは、武力ではなく言論により政府に対抗することで一致した。

明治一一年四月、立志社《りっし》は「愛国社再興趣意書」を発表し、自由民権グループの結集を目指した。この趣意書は、道徳心の育成や富国強兵、地域社会の活性化のために活発な議論が必要であるとし、議会開設を主張するものである。杉田定一《すぎたていいち》や植木枝盛《うえきえもり》らが、趣意書を携えて全国を遊説した。

九月、大阪で愛国社再興大会が開催された。西日本にある一三の政治結社の代表者が集った。その実態は千差万別であったものの、西南戦争に敗れた士族たちの期待が愛国社に向けられたのである。同大会では、大阪に本部を設置することや毎年三・九月に大会を開催することなどが決議された。

これを受けて明治一二年三月、愛国社第二回大会が再び大阪で開かれた。依然、関東や東北からの参加はなく、活動の拡大・全国化が彼らの課題となった。この課題は、一一月の第三回大会で解決される。やがて議会開設を求める声が全国規模で轟《とどろ》くこととなるのだが、この点は次節に譲りたい。

二　積極財政の動揺

大隈重信のインフレ対策

前節で述べたように大隈重信は、西南戦争後に進行したインフレーションの要因を、紙幣増発ではなく輸入超過による正貨（洋銀）流出であると捉《とら》えた。なかなか抑制できないインフレを前に、大隈はなおも洋銀相場の沈静化を目論《もくろ》んだ。

明治一二年（一八七九）一月、「洋銀取引所設立ノ儀ニ付伺」を上申した。この伺により、三月七日に横浜洋銀取引所が設立され、一〇日に開業となった。洋銀の取引を政府の監督下に置き、洋銀相場の安定を図ったのである。

八月二日、大隈は貿易銀行の設立を福沢諭吉から提案された。大隈も福沢も、外国商社や外国銀行から主導権を奪うべく、正貨の安定的供給を担う金融機関の必要性を認めていた。以降も両者のやりとりは続き、明治一三年二月六日に外国為替を取り扱う横浜正金銀行が設立され、二八日に開業となった。

設立当初の資本金三〇〇万円のうち、一〇〇万円が大蔵省、二〇〇万円が民間の出資である。頭取の中村道太《なかむらみちた》、副頭取の小泉信吉は、いずれも慶応義塾出身者であった。民間の株主も福沢関係者が多数であり、福沢自身も二〇〇株（一万二〇〇〇円）を引き受けている。横浜正金銀行は、まさに大隈と福沢の連携によって生まれたのである。

しかし、大隈の一連の政策は、インフレを抑制することにつながらなかった。やはり、当時の日本の経済規模からすれば、紙幣の流通量は過多であった。こうした折、自らの影響力拡大を目指す宮中グループが、大隈財政の行き詰まりに目をつけたのである。

宮中グループの巻き返し

佐佐木高行の工部卿就任案がとおらなかった宮中グループは、続いて政策への関与を試みた。そのために彼らは、明治天皇とのコネクションを最大限に活用する。明治一一年夏、侍補の影響を受けた明治天皇が、大隈重信が主導する積極財政に対し、節倹愛民の政策化を求めたのである。これは、翌年の「節倹愛民の聖旨」に結びつく。

明治一一年の秋には、佐佐木が天皇の北陸・東海地方巡幸に随行し、侍補の地位向上を訴えた。その結果、一二月二四日、侍補の職制が改正された。侍補は勅任官となり、侍従長のポストが新設された。ただし、侍補の地位は向上したものの、政治への関与は否定された。

そこで元田永孚は、天皇の前にあって侍補を大臣参議と対等とすることや、侍補を宮内卿の上位に置くこと、侍補に政府への行政監察機能を与えることなどを盛り込んだ「私案」を作成した。この段階で公にされなかったものの、佐佐木や土方久元、吉井友実らの間で共有された。インフレを抑制できない大隈財政を前に、宮中グループは財政政策への主張を展開する。地方での人民の窮乏を目の当たりにした明治天皇が皇居造営の簡素化を求めたことに連動し、「節倹愛民の聖旨」とそれにともなう政治改革を主張した。

具体的には、積極財政に基づく勧業政策を批判し、地方官への権限委譲を求めた。また、元老院の権限強化、法制局・調査局・内閣書記官の設置も盛り込まれた。これらの主張は、つまるところ大蔵省主導体制を批判するとともに、薩長藩閥への監視と介入を通じて宮中グループの勢力を拡大させようとするものであった。

宮中グループは、これらを岩倉具視に熱心に説いた。岩倉は、明治一一年一二月に天皇から直接内論を受けたこともあり、宮中グループの主張を受け入れる方向に傾く。岩倉は、「国本培養に関する上書」を提出し、積極財政を支持しつつも、「勤倹ハ国ノ生命ナリ」として、一定の財政整理を求めたのである（『岩倉具視関係文書』二）。

議論の顚末

岩倉具視の熱の入れようは相当なものであった。三月六日に三条実美が伊藤博文に送った書簡には、岩倉が「頗《すこぶる》熱心にて、頃日大隈、足下（伊藤のこと。筆者注）、井上等へも被遂内談候《ないだんとげられ》」

とある（『伊藤博文関係文書』五）。

しかし、参議連はこれをそのまま受け入れるわけにはいかない。閣議は紛糾した。岩倉も、やや冷静になったのであろうか、「内閣紛紜《ふんうん》の情態他に漏泄《ろうせつ》致候而《そうろうて》は意外之物議も相生し候而は甚《はなはだ》不可然《しかるべからざる》に付何とか速《すみやか》に決定有之度《これありたく》、夫迄《それまで》は自身出勤も不致《いたさず》」、つまり閣議が紛糾した様が漏洩《ろうえい》しては物議を生じさせてしまうため、しばし閣議への参加を見合わせると述べた（『保古飛呂比』八）。こうして、一連の対応は、伊藤に任されることとなった。

伊藤は、大隈重信や井上馨と連携し、一つの結論を導き出した。三月一〇日、「節倹愛民の聖旨」を詔勅ではなく御沙汰書の形式で公布し、内閣書記官の設置のみを決定した。伊藤は、宮中グループの主張を骨抜きにしたのである。

むろん、宮中グループの不満は募った。佐佐木高行は、この結論を「不十分」であり、「内閣諸大臣の精神薄き様に存候、遺憾万々に有之候」と捉えた（『保古飛呂比』八）。宮中グループは、伊藤・大隈・井上という開明派三参議への敵対視を強めることとなる。

他方で宮中グループは、一定の手応えもつかんだ。元田永孚は、天皇が自ら勤倹政策を示したことに驚きを持った。これが自信になったのであろう。宮中グループは、元田が作成した「私案」を三条・岩倉に限り閲覧させつつ、巻き返す機会をうかがうこととなった。

また、大久保利通の死後も堅持されてきた積極財政に基づく殖産興業政策の是非が議論の対象になったこと自体、内閣に衝撃を与えた。四月二五日、薩摩グループの領袖である黒田清隆は、三条と岩倉に次のような書簡を送った。

大久保の暗殺後、「政府従前の方嚮《ほうこう》を易《か》へす稍《やや》持重《じちょう》動かさりしも」、一年も経たずに政策変更の議論があった。これを「黙止するに忍ひす」（『岩倉具視関係文書』七）。つまり、積極財政の見直しを改めて否定したのである。黒田としては、自身が最優先する北海道の開拓事業の停滞を防がねばならなかった。黒田のこのような思いがやがて、明治一四年の政変に結びついていく。

大隈の紙幣消却計画

伊藤博文の周旋により、ひとまず宮中グループの要求は抑え込まれた。ただし、インフレに対処せねば、経済の混乱や政府の財政難は解決されない。そうなれば、再び同様の議論が起こることは必至であった。

そこで大隈重信は、従来の洋銀対策だけでなく、紙幣消却も考慮せざるを得なくなった。明治一二年六月、大隈は「財政四件ヲ挙行セン事ヲ請フノ議」を提出した。このなかでは、地租の再査定、備荒儲蓄《びこうちょちく》の実施、対外関係の経費見直しに加え、紙幣消却の増額が盛り込まれた。

大隈は、この意見書のなかでも、インフレの要因は貿易赤字と銀貨の欠乏であると主張し、「道路海港等ヲ修築改良」することや「農商工諸職業ヲ振起盛大ニ」することなど、インフラの整備をはじめとする殖産興業政策の必要性を説く(『大隈文書』三)。しかし、そのためには経済発展が重要であり、政府紙幣の信用が失われてはならない。したがって、前年八月の「公債及紙幣償還概算書」に代わる新たな計画を練り上げた。

明治一二年六月、大隈は「国際紙幣償還方法」を提示した。これは、西南戦争に要した費用を明治一一年度から八年間で消却するというもので、明治一一年度に約七二〇万円、一二・三年度に各二〇〇〇万円の紙幣を消却することが計画された。

また、「財政四件ヲ挙行セン事ヲ請フノ議」で指摘した対外関係の経費見直しとは、外国人雇・外国品使用・外国派遣などの支払いを節減しようというものである。積極財政を展開し続けた大隈でさえ、勤倹論に一定の配慮を示さざるを得なかったのである。

次に述べるように、大隈の意見書提出と同時期に、薩長を中心とする参議と宮中グループの対立が激化した。意見書の取り扱いは一時棚上げされたものの、一二月一日に閣議決定された。

宮中グループの敗北

自らの主張が骨抜きにされた宮中グループは、なおも巻き返しの機会をうかがっていた。明治一二年四月、天皇に働きかけ、伊地知正治《いじちまさはる》と副島種臣《たねおみ》を一等侍講として宮内省に取り込んだ。五月三一日には、佐佐木高行が三条実美・岩倉具視と会談した。佐佐木は天皇親政の実現を訴え、天皇と内閣の一体化を目指す点で意見が「一致」したようである（『保古飛呂比』八）。ただし、三条と岩倉は、佐佐木が主張した侍補の権限拡大や現行の政策批判に対して、旗幟《きし》を鮮明にしなかった。

とまれ、宮中グループにとって、三条・岩倉の両大臣から天皇親政に前向きな感触を得られたことは大きな収穫であった。そこで六月、元田永孚が「政務親裁」を天皇に提出した。これは、あえて侍補の権限拡大を盛り込まず、議会開設と憲法制定の早期実現を求める、画期的な内容であった。

元田はいう。在野では、「洋制之傚《なら》フヲ以《もっ》テ彼《か》ノ西洋家者流《しゃりゅう》ハ己カ心酔スル所ヲ専行セン」（以下、引用は『明治天皇紀』四）。すなわち、在野で隆盛する議会開設論を単に西洋の模倣に過ぎないと批判する。日本は、「君主親裁立憲政体」、つまり「天下ノ公議ヲ取リ之《これ》ヲ天下ノ公法ニ正シ而《しこう》シテ其決ハ即《すなわ》チ陛下ノ宸断《しんだん》ニ在ル」体制を目指すべきである。

在野で議会開設を主張する自由民権グループに遅れを取る形は望ましくない。そこで、彼らの先手を取る形で、憲法制定と議会開設を「宸断」として「発スル」ことが重要であると主張した。

宮中グループは、従来の財政政策にとどまらず、近代日本の骨格となる議会や憲法への主張を展開したのである。明治政府内では、議会や憲法を不要とする考えはむしろ少数であった。

しかし、早急な実現は困難である、との見方が大勢を占めており、この時点で具体的な議論はほとんどなされてこなかった。

三条・岩倉は、元田の「政務親裁」に面食らった。同月、彼らは急ぎ天皇への具申を行った。そこでは、天皇と内閣の一体化を示しつつ、「尋常ノ政務ハ之ヲ諸省長官ニ任シ其責メニ当ラシメ」ることが重要であると、省卿以外の政務への介在を否定する（『明治天皇紀』四）。そして、宮中グループの政治介入を一切否定した。財政論で宮中グループに賛同した岩倉も、ここでは彼らと一線を画したのである。

その後も宮中グループは、自らの権限拡大を含むさまざまな要求を行った。対して岩倉も伊藤博文との連携を深めていく。その結果、一〇月一三日、彼らは侍補を廃止した。宮中グループの敗北である。

もっとも、宮中グループの主張自体は、相応の正当性を有していた。そのため、侍補廃止と同時に、大臣や参議の宮中への出仕が増えた。権力分立や議会開設も、現実問題として扱わざるを得ない状況が生まれていくのである。

松方正義の台頭

さて、明治一二年六月に大隈重信が提出した「財政四件ヲ挙行セン事ヲ請フノ議」では、紙

松方正義

幣消却とともに勤倹論への配慮がみられたことを先に指摘した。

この大隈意見書に触発されたかは不明であるが、内務省から大蔵省に移管された商務局長の河瀬秀治は、七月五日に「財政之儀ニ付建言」を大隈に提出した。河瀬はこの意見書で、「民業ヲ振興シ国益ヲ増進スル」ことが重要であると述べる。「欧米各国ノ政府トイヘトモ善ク民業ヲ翼賛スルモノ」が多く、「民業未《いま》タ進マサルノ我国ニ於《おい》テ」なぜ勧業政策を否定できようか、と積極財政の継続を主張したのである（『大隈文書』二）。

ただし、無駄な費用の節減も重要であるとしており、大隈と同様に勤倹論へも配慮せざるを得なかった。もっとも、新たな銀行の設立や銀貨の増鋳など、積極財政を後押しする具体的政策の提言が趣旨ではある。

大蔵省内では引き続き積極財政論が主流であったなか、異なる意見が出された。それは、薩摩出身で大蔵大輔兼内務省勧農局長の松方正義による「勧農要旨」である。松方は、民間への資金貸与が「人民ハ益《ますます》政府ノ力ニ倚頼《きらい》センコトヲ希望」してしまい、結果として産業の弱体化を招く恐れを指摘する（『明治前期財政経済史料集成』一）。

むろん、松方は大蔵卿の大隈を直接的に批判したわけではなく、血気盛んな河瀬をたしなめたに過ぎない。しかし、積極財政に待ったをかける主張が、大蔵省内から、しかも薩摩出身者から出されることは、おそらく大久保利通が存命であればあり得なかったであろう。また、宮中グループの奮闘がなかった場合も、みられなかったかもしれない。

明治一四年の政変後に松方は大蔵卿に就任し、徹底的な緊縮財政を進めていく。それは約二年後の話であるが、その素地は徐々に、しかし着実に生まれていたのである。

外務卿の交代

内政にばかり目を向けてきたが、明治政府としては、幕末に日本が結んだいわゆる不平等条約の改正が最優先課題の一つであった。明治六年一〇月より長らく外務卿の立場にあった人物が、薩摩出身の寺島宗則である。

寺島は、外務卿就任以降、税権回復交渉に尽力してきた。保護関税の創設が目的である。寺島は、税権回復交渉の相手を、日本への輸出が多かったイギリスではなく、日本からの輸入が中心であったアメリカに定めた。明治一一年七月二五日には、協定税率の廃棄と関税自主権の回復を盛り込んだ日米協約の調印に漕ぎ着けた。ただし、日本が他国と同様の条約を結び直して発効する、という条件が付された。

寺島は、イギリスとの交渉を本格化させたが、思ったように進捗《しんちょく》しない。そこで、日本への輸出が少ないフランス・ロシア・イタリアなどと個別交渉を行い、イギリスを孤立させようと企てた。しかし、イギリス外交は日本より上手であった。イギリスは西洋各国に手を回し、日本との交渉に応じさせない。明治一二年七月には、寺島外交の失敗が明らかになったのである。

宮中グループは、これを勢力拡大の好機と捉え、佐佐木高行を文部卿に推挙するなどした。これに対し、伊藤博文は岩倉具視らと連携する。九月一〇日に寺島を外務卿から文部卿に転任させた。あわせて、井上馨を外務卿とした。

宮中グループの影響力は、大臣・参議グループの連携と、薩長両グループの連携により抑え込まれた。伊藤らは、またも難局を乗り切ったのである。しかし、寺島外交の失敗は、自由民権グループに政府批判の口実を与えた。彼らは、条約改正が実現しない理由を薩長藩閥の存在に求め、早期の議会開設を要求する論拠としたのである。

自由民権グループの全国化

西南戦争後のインフレは、各地で明治政府への批判を生じさせた。他方で、インフレの恩恵を受ける層もいた。米価の高騰により、農村の地主たちに経済的余裕が生まれたのである。ところがそれは、明治政府への支持にはつながらない。経済的余裕は、彼らに政治的関心を惹起させ、政治参加への希求を生んだのである。

明治一二年一一月七日、大阪で愛国社第三回大会が開催された。この大会には、新たに福島石陽社《せきようしゃ》の河野広中《こうのひろなか》や福井自郷社《じきょうしゃ》の杉田定一らに加え、東日本から農村地主層の参加があった。自由民権グループの課題であった活動の全国化に、皮肉にもインフレが一役買ったのである。

第三回大会では、条約改正の失敗も議論となった。この原因は薩長藩閥による専制政治にあるとし、「人民に参政の権利を付与し、輿論《よろん》の勢力を作興」するために、議会を開設すべきであるとの結論が導き出された（『自由党史』上）。

しかし、議会開設の願望書の提出方法について、意見が割れた。片岡健吉《かたおかけんきち》らの立志社系は愛国社名義での提出を主張し、杉田らは他の結社や個人の提出も認めるように訴えたのである。

結果として、明治一三年二月二〇日までに各地方で一〇名以上の組織が一〇組以上、願望書の提出に賛同すれば、愛国社単独でなく「公衆ト倶《とも》ニ」願望書を提出することで一致した（「公会決議録」）。

福沢諭吉の議会開設論

明治一一年九月、福沢諭吉は『通俗民権論』を著し、安易に議会開設を主張する自由民権グループを批判した。「地方にて人民の会議を開」くことが先であり、「土地の事は土地の人民にて取扱うの風習」を醸成した上で議会を開設すべきである、との主張である（『福沢諭吉著作集』

七)。

その後、明治一二年七月に公布された府県会規則により、府県の財政を審議する府県会が開設された。また、愛国社の大会が開かれるなど、各地で議会開設を求める声が高まった。

こうした状況を受けて、福沢の議会開設論は次なる段階に入った。明治一二年七月、福沢は『郵便報知新聞』上で、門下生の藤田茂吉《ふじたもきち》・箕浦勝人《みのうらかつんど》の名を借り「国会論」を発表した。そのなかで、「日本全国人心の帰向する所にして、その思考は既に熟した」、つまり議会開設の機が熟したと主張したのである(『福沢諭吉全集』五)。

八月にこれが『国会論』として刊行されると、その反響は凄まじかった。福沢の想像以上に「大騒ぎ」となり、「秋の枯野に自分が火を付けて自分で当惑するようなものだと、少し怖くな」るほどであった(『福沢諭吉著作集』一二)。

同月にはまた、『民情一新』も刊行された。福沢はこのなかで、日本がイギリス流の議院内閣制を導入し、政権交代の可能な二大政党制を誕生させるべきである、との主張を展開した。福沢によれば、「国安を維持する」ためにも、三~四年で「政権を受授」することが重要となる(『福沢諭吉全集』五)。これはすなわち、選挙の結果によっては、内閣の構成が変わり、薩長藩閥が明治政府から一掃される可能性も生じる。

福沢がこうした著作を著したのは、慶応義塾への資金借用を明治政府に求め、これを断念し

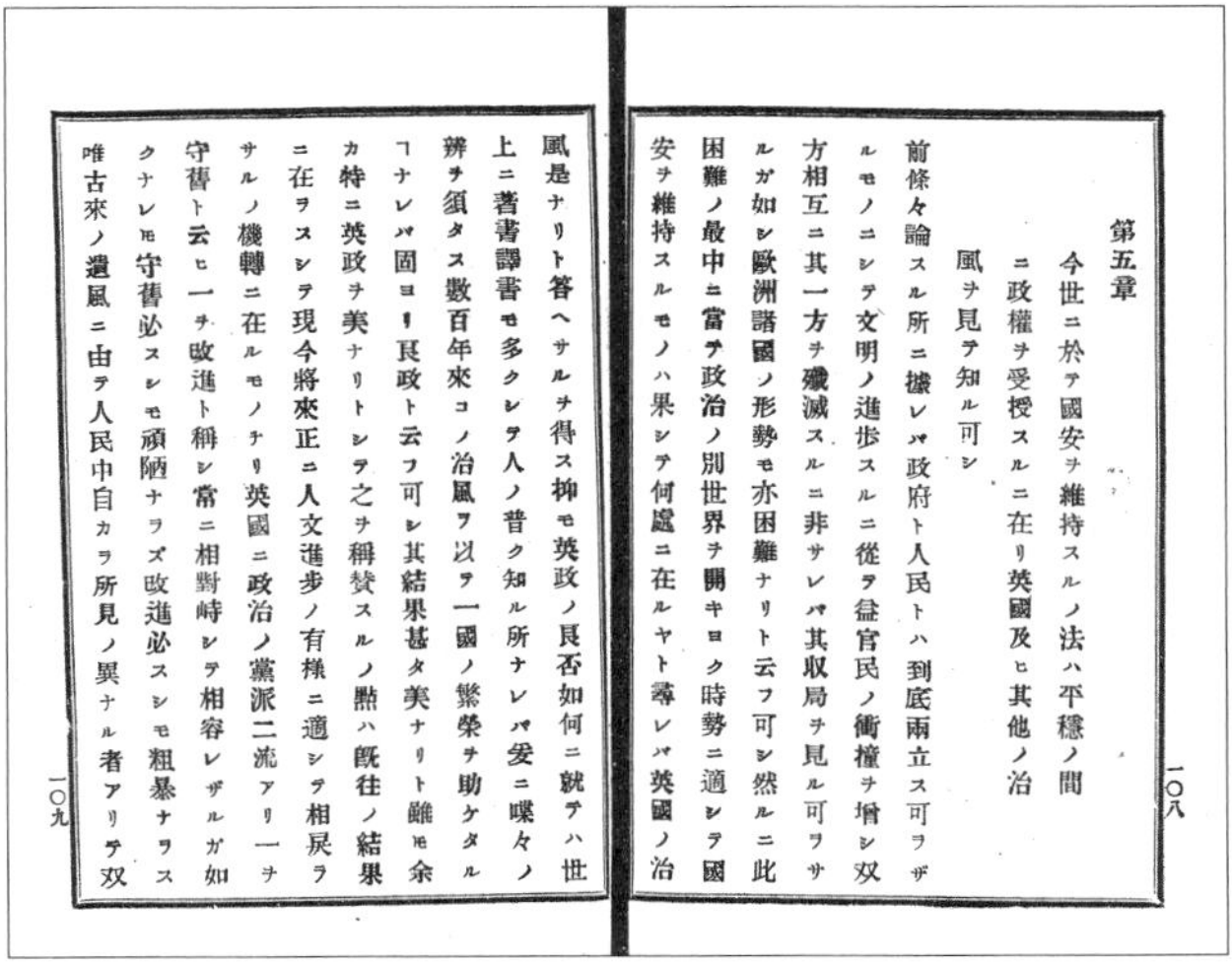
第五章

今世ニ於テ國安ヲ維持スルノ法ハ平穩ノ間ニ政權ヲ受授スルニ在リ英國及ヒ其他ノ治風ヲ見テ知ル可シ

前條々論スル所ニ據レハ政府ト人民トハ到底兩立ス可ラザルモノニシテ文明ノ進歩スルニ從テ益官民ノ衝撞ヲ增シ双方相互ニ其一方ヲ殲滅スルニ非サレハ其収局ヲ見ル可ラサルガ如シ歐洲諸國ノ形勢モ亦困難ナリト云フ可シ然ルニ此困難ノ最中ニ當テ政治ノ別世界ヲ開キヨク時勢ニ適シテ國安ヲ維持スルモノハ果シテ何處ニ在ルヤト尋レハ英國ノ治

一〇八

風是ナリト答ヘサルヲ得ス抑モ英政ノ良否如何ニ就テハ世上ニ著書譯書モ多クシテ人ノ普ク知ル所ナレハ爰ニ喋々ノ辨ヲ須タス數百年來コノ治風ヲ以テ一國ノ繁榮ヲ助ケタルヿナレハ固ヨリ良政ト云フ可シ其結果甚タ美ナリト雖モ余カ特ニ英政ヲ美ナリトシテ之ヲ稱賛スルノ點ハ既往ノ結果ニ在ラスシテ現今將來正ニ人文進歩ノ有様ニ適シテ相戻ラサルノ機轉ニ在ルモノナリ英國ニ政治ノ黨派二流アリ一ヲ守舊ト云ヒ一ヲ改進ト稱シ常ニ相對峙シテ相容レザルガ如クナレ𪜈守舊必スシモ頑陋ナラズ改進必スシモ粗暴ナラス唯古來ノ遺風ニ由テ人民中自カラ所見ノ異ナル者アリテ双

一〇九

福沢諭吉『民情一新』

た直後のことである。先述のとおり、福沢は伊藤博文や井上馨が反対したとみていた。福沢の議会開設論に薩長藩閥への意趣返しという面があったのではと邪推させるが、真偽のほどは定かでない。

薩長の連携を重視する明治政府内の勢力は、福沢をどのように捉えていたのか。太政官《だじょうかん》大書記官兼内務大書記官であり、岩倉具視や伊藤博文のブレーンとなっていた井上毅《こわし》は、福沢を危険人物であるとみなした。かたや伊藤や井上馨は、のちに影響力ある福沢の政治利用を考案することとなる。ここにもまた、明治一四年の政変を招く火種の一つが生まれたのである。

第二章　薩長の角逐——明治一三年

一　財政論議

明治一三年の政治関心

明治一四年の政変の前年となる明治一三年（一八八〇）も、引き続き激しい財政論議が展開される。それだけでなく、議会開設についてもいよいよ政治の俎上《そじょう》に載ることとなる。

その背景には、在野で議会開設要求がかつてないほど高まったことがある。また、前年に宮中グループが議会開設を要求するなど、明治政府として具体的に議論せざるを得ない状況が生まれたのである。

元田永孚《ながざね》が「政務親裁」を天皇に申し入れ、議会開設を訴えた明治一二年六月、元老院議長の有栖川宮《ありすがわのみや》熾仁《たるひと》親王が、参議山県有朋《ありとも》に「政体に付言上意見之概略至急入用有之候《これありそうろう》」との書簡を送っている（『公爵山県有朋伝』中・二）。熾仁親王が山県に依頼した理由は、よくわからない。

山県が意見書を提出したのは、ようやく明治一二年一二月のことであった。これを契機として、各参議が立憲政体に関する意見書を作成し、提出することとなる。一四年政変の引き金となった大隈重信《しげのぶ》の意見書も、この流れにのったものである。つまり、明治一三年に、より正確には明治一二年末から展開された議会開設論議の帰結が明治一四年の政変なのである。ただし、政変をめぐる政治的綱引きには、やはり財政論議からの連続性もある。そこで、議会開設論議を扱う前に、明治一三年の財政論議の顚末《てんまつ》から追うこととしよう。

勤倹論の名残

後述するように、明治一三年初頭、伊藤博文《ひろぶみ》や井上馨《かおる》が参議省卿の分離を模索する。こうした動きは、薩摩グループによる長州グループへの疑心暗鬼を生じさせる。早速、元老院権大書記官森山茂《もりやましげる》から五代友厚《ともあつ》に、井上の大蔵卿就任という噂《うわさ》が伝えられた。

これまでも述べてきたように、元来井上は緊縮財政論者である。積極財政を重視する薩摩グループにとって、井上の大蔵卿就任は、最も避けねばならない人事であった。前年の宮中グループに端を発した勤倹論も、未だ記憶に新しい時期である。五代は大隈に、政体改革の動きがあるようだが、「注意可致策略《いたすべき》」があることから、十分に気をつけてもらいたい、との書簡を送った(『五代友厚伝記資料』四)。

これも後述するように、薩摩グループの領袖《りょうしゅう》黒田清隆《きよたか》もまた、二月一二日に提出した立憲政体に関する意見書のなかで、積極財政による勧業政策の重要性を訴えた。さらに一五日、黒田は太政《だじょう》大臣三条実美《さねとみ》と右大臣岩倉具視《ともみ》に、積極財政に象徴される大隈財政への支持を伝えている。

結局、二月末に参議省卿分離は実現されたものの、いくつもの例外が認められ、なんとも中途半端な形となった。ただし、大隈は会計部分掌参議となったものの、大蔵卿から外れた。後任には、大隈と同じく肥前出身の佐野常民《つねたみ》が指名された。大隈が完全にイニシアチブを握っていた大蔵省に、変化の兆しがみられたのである。

大隈の二つの意見書

明治一三年五月、大隈重信は二つの意見書を提出した。「経済政策ノ変更ニ就《つい》テ」と「通貨の制度を改めん事を請ふの議」である。

前者は、官営工場の払下げ、諸学校の文部省管轄化と小学校への補助金廃止、皇室領の制定、内務・工部両省の再編を主張するものである。意見書には、「方今国債償還ノ資ヲ増加スルノ急且《かつ》要ナル苟《いやしく》モ歳出ヲ節減スルノ方アラハ之シカ挙行ヲ怠ルヘカラサレハナリ」と綴《つづ》られており、大隈が勧業政策の見直しや行財政整理による正貨《せいか》の蓄積、つまり前年からの勤倹論を意識していることがわかる（『大隈重信関係文書』四〈東京大学出版会〉）。

しかし、後者をみると、大隈があくまで積極財政論者であることをうかがい知れる。大隈は、五〇〇〇万円の外債を募集することで不換紙幣の消却費用にしようと考えた。これまで大隈は、紙幣消却に消極的であったが、外債募集という一手で事態の迅速な解決を狙ったのである。こうして正貨流通制度を実現させるとともに、醸造税の増額や関税増加による輸入減少も訴えた。大隈は、外債募集によりインフレを抑制することで、積極財政から消極財政への転換を阻もうとした。つまり、積極財政による殖産興業政策を維持しようと考えたのである。これは、大隈が大蔵卿退任後も、財政政策のイニシアチブを握り続けようとする意思の表明のようにもみえる。

しかし、外債募集という一手は、日本にとって、起死回生にも再起不能にもなる、諸刃《もろは》の剣《つるぎ》であった。日本経済が成長しなければ、債権国は日本に干渉し、植民地化される恐れがあるからである。

大隈の外債論は、さらなる財政論議を招くこととなる。

外債論議の展開

前年、積極財政に待ったをかけた松方正義《まさよし》は、自らの考えと相反する大隈重信の意見書を受け、「疑点」があることを伊藤博文に伝えた（『伊藤博文関係文書』七）。松方はまた、大隈の外債論が「渋沢栄一《しぶさわえいいち》・五代友厚・益《ます》田孝《だたかし》・福沢諭吉《ゆきち》等ノ発意」ではないかと訝《いぶか》しんだ（『保古飛呂比』九）。明治政府内では、この時点で、大隈への不信感がわずかながら生まれていたのである。

さて、五月一四日、大隈の外債論をめぐり、閣議は割れた。外債の危険性を認識する者も多かったが、彼らとて目下の財政悪化を前に、何らかの代案を持ち合わせてはいなかった。たとえば、閣議に出席できなかった山県有朋は、外債募集に警鐘を鳴らしつつも、財政が切迫する状況を「此儘《このまま》打捨置候訳には参り不申《もうさず》」、何らかの対応が必要であるとの考えを三条実美に伝えている（『大隈重信関係文書』四〈東京大学出版会〉）。

その結果、外債論について、参議と省卿が意見書を提出することとなった。伊藤は、省卿への下問という決定について、「服従難《しがた》仕心事」と、賛同し難い胸中を吐露している（「三条実美関係文書」）。同時に、黒田清隆・西郷従道《つぐみち》・川村純義《すみよし》という薩摩グループの参議が大隈の外債論に賛同していることから、論議の激化を懸念した。

大隈の外債論への賛成者は、薩摩グループの黒田・西郷・川村の三参議のほか、参議山田顕義《やまだあきよし》（長州）、海軍卿榎本武揚《たけあき》（旧幕臣）、陸軍卿大山巌《いわお》（薩摩）、司法卿田中不二麿《たなかふじまろ》（尾張《おわり》）の七名であった。反対者は、長州グループの伊藤・井上馨・山県の三参議のほか、参議大木喬任《たかとう》（肥前）、内務卿松方（薩摩）、大蔵卿佐野常民（肥前）、文部卿河野敏鎌《こうのとがま》（土佐）、工部卿山尾庸三《やまおようぞう》（長州）の八名であった。なお、参議寺島宗則《むねのり》（薩摩）は賛否を示さなかった。

明治政府は、真っ二つとなったのである。ただし、その内実は単純ではない。反対派の大木は、外債ではなく米納《べいのう》の復活を考えた。また、同じく反対派の伊藤や佐野は、募集額の一〇〇〇万～一五〇〇〇万円程度の減額を条件に外債募集を許容する姿勢を示した。さらに、当初は外債論に反対していた岩倉も、五〇〇〇万円から減額して外債募集を行おうという佐野の考えに傾いた。

積極財政の支持、閣内の融和など、その思惑はさまざまであったと考えられるが、いずれにせよ、外債募集自体は受け入れられる見込みがあった。しかし、六月三日、外債を不可とし、「勤倹ヲ本トシテ経済ノ方法ヲ定メ内閣諸省ト熟議シテ之《これ》ヲ奏セヨ」、つまり勤倹主義に基づく財政改革を求める勅諭が下されたのである（『明治天皇紀』五）。

外債論議の終結

なぜ、外債不可という結論が出たのか。それは、外債反対派の主張に、賛成派が反論できなかったところによる。

たとえば河野敏鎌は、外債に頼ったエジプトやトルコが債権国である西洋諸国の干渉を受け、その支配下に置かれたことを訴え、外債募集を批判する。また、佐佐木高行《たかゆき》や元田永孚ら宮中グループも外債論議に参戦すると、外債募集が日本を「滅国」させると強硬に批判し、五月二九日には、その旨を天皇にも伝えた（『保古飛呂比』九）。

これに対し、とりわけ薩摩グループの外債賛成者は、積極財政の維持に眼目を置いていた。

したがって、外債の危険性への防御策を十分に提示できなかったのである。

また、大蔵卿の佐野常民が反対に回ったことも大きかった。佐野は一五〇〇万円ほどの外債ならやむを得ないとしつつも、将来償還に不安が出た場合、自由民権グループに政府批判の格好の材料を提供してしまうリスクを恐れたのである。

さて、六月三日の勅諭では、会計部分掌参議の大隈重信・寺島宗則・伊藤博文、大蔵卿佐野の四名に対し、財政整理計画の作成が命じられた。もっとも、伊藤は岩倉と連携し、外債不可を正当化すべく動いていた。その結果、六月一三日、各省使の定額費を三〇〇万円節減するとともに、酒税を増税することで紙幣消却の資本にする方針が決定された。

岩倉は、初志貫徹できて安堵《あんど》したことを伊藤に伝えた。同時に、大隈が「遺憾不腹（服）之事」となるのでは、との懸念を示し、大隈へのケアを依頼した（『伊藤博文関係文書』三）。

他方で、この時点で大隈が、積極財政へのこだわりを弱めたことも確かであろう。大蔵卿から外れたこと、インフレを抑制できなかったこと、伊藤らとの連携を重視したことなど、その理由は複数考えられる。大隈の真意はつかみにくいが、おそらくこれらが複合的に絡み合い、積極財政への主張にブレーキがかかったのであろう。

話を外債論議に戻そう。外債論議は決着したかに思われたが、その根本となる財政改革は一筋縄ではいかなかった。定額費節減の具体的展望はなく、案の定、どの省も減額に応じなかったからである。節減計画は、早くも暗礁に乗り上げることとなった。

岩倉の苦悩

財政をめぐる論議は、岩倉具視の頭を大いに悩ませたようである。六月三〇日、岩倉は三条実美に書簡を送り、「困難之極」であると、自身の胸中を吐露している（「三条実美関係文書」）。

その後も、参議が提出する立憲政体に関する意見書のなかでも、各々《おのおの》財政論を展開した。六月に提出した山田顕義は積極財政論の重要性を説き、七月に提出した井上馨は財政健全化を優先すべきであるとする。

また、宮中グループが外債論議を機に息を吹き返すと、財政論議に参戦した。七月、佐佐木高行が建白書を提出し、「民人窮ヲ訴ヘ」る現状を打破するためにも、「勤倹ノ詔《みことのり》」が重要であると主張した（『保古飛呂比』九）。

なかでも、岩倉の最大の懸念は、薩摩グループの領袖黒田清隆の存在であった。七月一三日、岩倉が三条に宛てた書簡には、こう記されている。黒田が「開拓一途勉励致度《いたしたく》」、つまり開拓使の事業に専念することを申し出た（「三条実美関係文書」）。そのため岩倉は、黒田に財政論議をまとめることの重要性を説いたという。

岩倉自身の財政論も揺れた。六月には、財政支出の抑制を意識し、「諸省ニテ是迄《これまで》同様ノ事業ヲ二重ニ設ル分ハ総テ一方ニ取纏《とりまと》」めることを考えた(「岩倉具視関係文書」)。翌月、会計部分掌参議の大隈・寺島・伊藤および大蔵卿の佐野に対して、「財政ノ儀ニ付愚考」という私見を開示した(「前田正名関係文書」)。

岩倉はまず、定額費減額という彼らの方針を支持しつつ、削減額を三〇〇万円から一〇〇万円に見直そうという。さらに、勧業資金の直接配布の禁止や土木事業の地域負担などを実行しようと考えたのである。

前者には、積極財政を主張する薩摩グループを懐柔する意図がある。後者は、勧業政策の全面的見直しを意味し、積極財政に懐疑的な長州グループや宮中グループの意向を取り入れたものである。

岩倉が、政府内の均衡の維持を最優先したことは明らかである。この私見に、岩倉の苦悩が表れていよう。もっとも、両者の妥協点を見出そうという苦渋の私見には、皮肉にも両者とも納得しなかった。財政論議の決着は、先行き不透明なままであった。

黒田の北海道開拓

さて、先述のとおり、岩倉具視はとりわけ黒田清隆に気を配っていた節がある。これは、伊藤博文も同様であり、大久保利通《としみち》亡き後、薩摩グループの領袖黒田の動向が衆目を集めることは、至極当然なことであった。そこで、黒田の言行について、簡単に確認しておこう。

序章で述べたように、黒田はいち早く北海道開拓の重要性を説いた。これに大久保利通が賛同し、結果として黒田の政治的存在感が高まった。明治四年に開拓使一〇年計画が動き出して以降、黒田はその陣頭指揮を取り続けた。明治期における黒田の歩みは、すなわち北海道開拓のそれであった。

明治一〇年代に入っても、黒田の思いは揺らがない。明治一三年三月一〇日、黒田は開拓使の書記官に宛てた書簡でこう語る。

北海道開拓は、「国家ノ洪益ヲ興起スル」ものであり、これが行き詰まっては「全国ノ大損耗」である（以下、引用は「上局親展書類 明治一三年ヨリ一四年ニ至ル」）。また、北海道の資源を元手に、日本を世界と対等に交際できる国に押し上げたい。そのため、北海道の「物産ヲ興隆シ国民挙《こぞっ》テ培養に尽力スル」ことこそが、もっとも重要であるという。

しかし、開拓使の事業は、必ずしも順調ではなかった。重視された炭鉱の開発などは、予定より遅れながらも進行していたが、目にみえる利益を生み出す段階ではなかった。このままでは、開拓使一〇年計画の延長を訴えることは難しい。

黒田は、計画の終了後も、事業を継続できないか模索する。そこで出された結論が、開拓使の官有物を自らの息のかかった会社に払い下げ、開拓事業を実質的に継続する、という手段であった。この点については、第四章で詳述する。

米納論の登場

積極財政の転換を考えながらも、政府内の均衡維持を重視した岩倉具視のもとに、またとない打開策がもたらされた。それが米納論である。

もともと米納論は、外債論議の際に参議大木喬任が代案として提示したものであった。地租が米納から金納となったことで、農民が米価を高騰させた。農民は富裕化し、物価騰貴と輸入超過を招いた。そこで、米納を一部復活させることで、米価調節権を政府に戻す。そうなれば、米価が低落し、インフレと輸入超過が解消され、積極財政を維持できる、というものである。この米納論は、積極財政の維持を狙う政商五代友厚から岩倉に示されたと考えられる。

岩倉は、これにのった。外債論に敗北した大隈重信への配慮、という面もあったであろう。ただし岩倉は、積極財政に懐疑的であり、その点に変化はない。あくまで、政府内の均衡を保つための手段として、米納論に縋《すが》ったのであろう。そのことは、岩倉がまとめた財政整理意見書からうかがい知ることができる。

岩倉は、六月に決定した三〇〇万円の定額費減額が実現不可能であったと認める。その上で、「幾分ノ米納ヲ回復スルニ非《あら》サレハ決シテ此《この》財政ノ困難ヲ匡救《きょうきゅう》シ国家ヲ維持スルニ能《あた》ハサルナリ」と、部分的米納論を展開した（「井上馨関係文書」）。他方で、勧業資金の縮小や官営工場の払下げも求めている。岩倉は、積極財政派も緊縮財政派も、両者が妥協可能な案として米納論を取り上げたのである。

しかし、八月一六日の閣議では、岩倉の予想だにしない展開が待っていた。薩摩グループの多くが米納論に賛成したものの、長州グループに加え、大隈が反対に回ったのである。

なぜか。井上馨が「大隈参議も同意」であるとして提出した米納論反対の意見書から探ってみよう（「三条実美関係文書」）。

井上はいう。農村部の人民も、この数年で政治意識が高まり、議会開設を議論するようになった。こうした状況で米納を復活させれば、彼らはどのように思うであろうか。「政府ノ頼甲斐ナキ」ことを実感し、「政府ノ信威索然《さくぜん》地ヲ払テ去ルベシ」という状況が生まれてしまう（「井上馨関係文書」）。また、近代的税制ではない米納の復活は、西洋諸国からの信用を失うことにつながる。

しかし、井上は急速な紙幣整理も危険であると述べる。そこで、官営事業の縮小や払下げ、地方税の見直し、酒税・煙草《たばこ》税の増税などにより、一〇〇〇万円の余剰金を生み出す。これを正貨獲得や紙幣消却に充てるのである。なお、この余剰金の確保まで、三年間は紙幣消却を凍結するという。

大隈は、薩摩グループではなく、長州グループとの連携を重視することが、自身の政治力を高めると判断した。また、井上の主張が、紙幣消却を急激に進めるものではなく、大隈としても受け入れられる余地があったのである。

八月一九日、五代は大隈に対して、長州グループは信頼できないため、米納論に賛成して薩摩グループにつくべきだと説得した。しかし、大隈は翻意しなかった。

五代の説得と同じ八月一九日、御前会議が開かれ、米納論の採決は見送られた。二一日、大隈に財政調査の命が下る。しかし大隈は、単独での調査ではなく、伊藤博文との共同調査を望んだのであった。

米納論の行方

大隈重信が井上馨に同調し、かつ伊藤博文との財政調査を望む――これまで大隈支持を続けてきた薩摩グループからすれば、このような大隈の選択は裏切りに等しかった。黒田清隆は、長らく財政を主導してきた大隈の政策に「果シテ一ニ誤ル所ナカリシヤ否ハ明言難致《いたしがたし》」と批判し、米納論の賛同者にも調査させるよう訴えたのである（「三条実美関係文書」）。その結果、黒田・大木喬任にも財政調査が命じられた。

黒田は、五代友厚に調査を依頼する。かくして八月三〇日、五代の筆による米納復活を主張する意見書が提出された。

対して伊藤は、冷静であった。大隈の共同調査の依頼を即座には受けなかったのである。伊藤としては、今後争点となるであろう議会開設を射程に入れた場合、薩摩グループとの対立は好ましくない。最終的に共同調査を引き受けたものの、逡巡《しゅんじゅん》した伊藤の姿勢により、薩摩グループの批判の矛先は大隈にのみ向けられていく。

伊藤は、大隈だけでなく井上とも連携する。天皇や宮中グループが米納論に反対であったことも影響していよう。しびれを切らした岩倉は、「内閣一丸目途に付ては尤《もっとも》大事」であるとし、米納論の断念を示唆した（「井上馨関係文書」）。

伊藤は、大隈との意見書をなかなか公表しないなか、閣議を前にした九月一五日、天皇に米納不可を具申した。岩倉の賛同を得て、天皇の支持も確かにした上で、ようやく旗幟《きし》を鮮明にしたのである。伊藤は、水面下で米納不可の下準備をしつつ、薩摩グループから自らへの批判を最小限に食い止めたのである。

九月一七日、伊藤はようやく大隈との調査結果をまとめた意見書を提出した。八月の井上の意見書と同様に、米納を採用せず、酒税などの増税や官営工場の払下げなどを通じて約九〇〇万円の余剰金を作り、紙幣消却に充てようとするものである。同日、米納の不可が決定した。

黒田に配慮する必要性を強く実感していたのは岩倉であった。九月一八日、岩倉の働きかけにより、米納が「時ヲ救ノ策」であると黒田を立てつつ、現状では採用が難しいとする勅諭が下された（『明治天皇紀』五）。

財政論議の決着

官営工場の払下げを含めた経費節減は、そのまま緊縮財政への転換を意味する。当然、薩摩グループはこれに反発した。黒田清隆は開拓使定額金三〇万円の減額に反対し、川村純義は海軍定額金の減額率に納得しなかった。

そこで、薩摩グループが賛同しやすいところから実行された。九月二七日の酒造税則の制定により酒税が増税され、一一月五日には地方税規則改正により地方税負担の拡大と国庫補助停止が定められた。同日、黒田のこだわる開拓使も対象となる工場払下概則が関係省庁に達せられ、官営工場を払い下げる際の条件などが定められた。黒田への説得には、主に井上馨が当たったようである。

同月には、伊藤博文と大隈重信が行政整理を企図して、農商務省の設置を建議した。紆余曲《うよきょく》折《せつ》あったものの、最終的には明治一四年三月に農商務省が設置された。長州グループが目論《もくろ》んだ緊縮財政への転換は、徐々に実現していったのである。しかも、大隈を隠れ蓑《みの》とすることで、長州グループは薩摩グループとの決定的な対立を回避できたのである。

伊藤による大隈への不信感

伊藤博文は、財政論で大隈重信と結託したものの、その心中は単純ではなかった。大隈を、薩摩グループとの対立回避のための隠れ蓑として利用したことはいま触れたとおりである。

大久保利通亡き後の明治政府の運営にあたって、薩摩グループと長州グループの均衡が重要であり、伊藤が人事などでかなりの配慮をしたことは、これまで述べてきた。ただし、それは、なぜ伊藤がかくも大隈を利用しようと考えたのかを説明する手立てにはならない。その背景には、次に述べるように、伊藤が大隈に不信感を抱いたことがあった。

ことのはじまりは、大隈の外債論にさかのぼる。明治一三年六月三日、外債不可が決定するとともに、会計部分掌参議の大隈・伊藤・寺島宗則、大蔵卿の佐野常民の四名に、財政整理計画の作成が命じられた。伊藤は、この調査の過程で大隈が独断で準備金を運用し、大幅に減少させていたことを知った。

そもそも準備金とは、政府紙幣を兌換《だかん》するために政府が積み立てている正貨である。大隈は、この準備金を正貨の供給増加のために市場に売り出すなどして、インフレ対策を試みたのであった。しかし、インフレを抑えることはできず、準備金が減少したのみに終わってしまった。明治一二年末に約一〇〇〇万円あった準備金は、明治一三年六月末に約九〇〇万円となっていたのである。

これを知った伊藤は、薩摩グループへの配慮と相まって、大隈との協力を拒否した。明治天皇からの説得もあり、伊藤は大隈との調査を継続したが、大隈への不信感を募らせたのである。

藩閥の後ろ盾が弱いにもかかわらず、実績を挙げ続けて台頭した大隈にとって、財政政策の失敗は大きな痛手であった。米納論をめぐって大隈と共同調査をしていた伊藤は、大隈を「遣魯公使ニ被任可然《しかるべき》」、つまり駐ロシア公使に転任させた方がいいという声が参議のなかで多いことを聞いた（「岩倉具視関係文書」）。伊藤は、それよりも黒田が就任している開拓長官を大隈に任せるのがいいとの意見を岩倉に伝えている。

駐ロシア公使への転任は、明らかな左遷である。この時点での伊藤は、大隈への不信感を持ちながらも、今後議会開設の論議が予測されるなかで、開明派参議である大隈との連携の可能性を十分に感じていた。それよりも、厄介であったのは薩摩グループであった。黒田に開拓長官を免じさせることが、現実的であったとは考えにくいが、伊藤にとっては、薩摩グループの領袖である黒田の存在がそれだけ大きかったのであろう。

伊藤は、大隈への不信感を抱きつつも、議会開設に向けて手を結んでいく。こうして、明治一四年一月の熱海《あたみ》会議を迎えるのであるが、その前に明治一三年に展開された議会開設論議を描く必要があろう。

二 「国会年」としての明治一三年

議会開設と権力分立

先述したように、明治一一年（一八七八）から一二年にかけて愛国社の大会が開催された。議会開設を訴えるべく、自由民権グループの結集がみられたのである。また、福沢諭吉の『国会論』を契機に、議会開設を求める声が大いに高まった。

後述するように、明治一三年三月一五日には愛国社の大会が発展し、国会期成同盟第一回大会が開催された。こうした動きをみた福沢は、明治一三年は「国会年」になるだろう、と予測した（『福沢諭吉書簡集』二）。

政府内でも、すでに明治一二年六月、宮中グループの元田永孚が薩長藩閥を牽制《けんせい》して、早期の議会開設を訴えた。議会開設を現実的課題として扱うことは、もはや避けられない。明治一二年一二月、参議山県有朋の立憲政体に関する意見書を皮切りに、岩倉具視はその他の参議にも意見書の提出を求めたのである。

明治一三年一月、宮中グループに近い内閣書記官長中村弘毅《なかむらこうき》は、三条実美に次のような書簡を送っている。現今の国民は単なる政府批判ではなく、条約改正やインフレ、殖産興業など、具体的な政治事象を批評しており、その政治意識が高まっている。議会開設要求も安直な「不平」であると捉《とら》えることは危険であり、適切な対応が求められる（「三条実美関係文書」）。

もっとも、政府としても、議会開設は大いなる目標であった。そもそも、維新の理念の一つが、政治参加の拡大を目指す「公議」であった。薩長には、極めて限定的であった徳川政権の政策決定過程に異を唱え、広い議論を是《ぜ》として徳川を打倒した経緯がある。彼らは、議会開設を確かに志向していた。

在野との隔たりは、開設時期にあった。自由民権グループは、即座の議会開設を訴えた。一方の政府は、議会開設を時期尚早だと捉え、殖産興業政策の推進を優先したのである。しかし、在野の盛り上がりは、議会開設の棚上げを許さないほどであった。

これに最も敏感に反応した政府主流派が、伊藤博文である。そして、最も冷静に捉えた政府主流派も伊藤であった。伊藤は、議会開設要求の背景には、一部に権力が集中していることへの批判があるとみた。議会開設が重要であるからこそ慎重に検討すべきであると考える伊藤は、まずは行政権の分権化に動き出す。

それは、参議省卿の分離である。つまり、参議と省のトップである卿を兼任させない、ということである。伊藤のいま一つの目標である積極財政からの転換を実現するためにも、これは有益であった。明治一二年一二月二八日、伊藤は黒田清隆に書簡を送り、「政体制度」の改革や「内閣と諸省分任」などの必要性を示した(『岩倉具視関係文書』)。

明治一三年は、財政論議が活発となり、「国会年」とも予測された。明治政府にとっての明治一三年は、「政体制度」の改革や「内閣と諸省分任」、すなわち参議省卿分離から幕を開ける。

参議省卿分離

さて、宮中グループなどから元老院の権限強化要求が出ていたことはすでに触れた。それは、行政権に対して立法権の存在感を高めようとするものであり、行政部の集権化を批判するものであった。

そこで伊藤博文は、立法権の強化ではなく、行政権の分権化を図ることで批判を抑えようと考えた。その具体策が参議と省卿の分離である。

明治一二年末より、伊藤が病気静養のため熱海に滞在していたため、当初は井上馨が参議省卿分離の根回しを行った。一月九日、井上は熱海の伊藤に宛て、分離も「容易と相考候」と書いており、楽観視していた(『伊藤博文関係文書』一)。なお、同書簡には、元老院への対応も検討されるなかで、伊藤が元老院議長に就任する案も練られていたことが書かれている。

しかし、一月一九日には、早くも先行きが怪しくなる。井上が伊藤に宛てた書簡をみてみよう。まず、西日本から議会開設の建白書などが次々に提出されており、「内閣も迚《とて》も此儘《このまま》に而《て》維持は無覚束《おぼつかなし》」と、看過できない状況を伝える（『伊藤博文関係文書』一）。その上で、参議省卿分離には、寺島宗則や大木喬任、山田顕義など反対者が多いことを伝える。なかでも、黒田清隆は急先鋒だという。

先述のとおり、薩摩グループ内では、すでに長州グループの参議省卿分離計画が漏れていた。伊藤のほか、大隈重信・川村純義が参議となり、他の参議はいずれかの省の卿となる。「井上ハ大蔵」、つまり井上の大蔵卿就任という噂が流布していたのである（『五代友厚伝記資料』四）。積極財政に批判的な井上が大蔵卿に就任すれば、積極財政が転換される可能性が高い。そうなれば、薩摩グループが重視する勧業政策にブレーキがかかってしまう。そのため、井上らの見込みと異なり、薩摩グループは参議省卿分離に賛同しなかったのである。

一月二三日、こうした状況を受け、伊藤は急ぎ帰京し自ら周旋に当たった。黒田の態度は一時軟化したようだが、二月に入ると再度分離反対に傾いた。二月一五日、黒田は、大蔵省のイニシアチブを握りたい伊藤ら長州グループが「策略を廻し、遂に分離に出《い》でしならん」との見込みを三条実美・岩倉具視に伝え、改めて分離反対を表明した（『伊藤博文伝』中）。

日が前後して二月一〇日、五代友厚から参議省卿分離に「注意可致策略《いたすべき》」があると根回しを受けていた大隈も、分離反対の意向を示した（『伊藤博文関係文書』三）。一連の反応を受けて、岩倉は参議省卿分離の断念を伊藤や井上に打診している。

もっとも、大隈の反対はそれほど根深いものではなかった。伊藤は、大隈に議会構想がなかったために反対に回ったのだと捉え、丁寧な説得を試みた。その結果、大隈は、同郷の佐野常民を大蔵卿の後任にすることを条件に、参議省卿分離に同意したのである。

大隈への説得が成功したことで、参議省卿分離の実現への道筋が立った。伊藤は、「内閣諸省と分立、政治の権衡を重持する」ことの重要性を明治天皇に理解してもらうよう、岩倉に念を押し、参議省卿分離を二月二五日の閣議に諮《はか》ったのである（『伊藤博文伝』中）。

閣議では、薩摩グループが参議省卿分離そのものへの反対は慎んだものの、分離後の人事に懸念を示した。黒田は、岩倉個人にもアプローチをかけたようで、岩倉は「困却」したと伊藤に漏らしている（『伊藤博文関係文書』三）。結局、二月二七日、伊藤の説得に薩摩グループが折れ、翌二八日に参議省卿分離が決定した。

ただし、薩摩グループの賛意を取り付けるため、多くの例外を認める形となった。黒田が開拓長官と、井上が外務卿と、山県が参謀長官と、大木が元老院議長と参議を兼任したのである。

参議専任は、伊藤博文・山田顕義（以上長州）、寺島宗則・西郷従道・川村純義（以上薩摩）、大隈重信（肥前）の六名となった。省卿専任は、陸軍卿大山巌・内務卿松方正義（以上薩摩）、工部卿山尾庸三（長州）、海軍卿榎本武揚（旧幕臣）、文部卿河野敏鎌（土佐）、大蔵卿佐野常民（肥前）の六名であった。なお、三月一五日に田中不二麿（尾張）が司法卿に就任した。

国会期成同盟

明治政府内で行政権の分権化が進められた背景には、やはり在野での自由民権グループによる議会開設要求の盛り上がりがあった。

前章で述べたように、議会開設の願望書について、立志社《りっし》系は愛国社名義での提出を考えた。しかし、これに反対があったため、明治一三年二月までに、各地方で一〇名以上の組織が一〇組以上賛同すれば、広く賛同者を募り願望書を提出することとなっていた。その結果、一〇組以上の賛同組織が集まり、愛国社単独ではない願望書提出が決定した。

こうして三月一五日、愛国社の呼びかけに、愛国社非加盟組織も呼応し、大阪で国会期成同盟第一回大会が開催された。なお、大会初日の時点では名称が定まっておらず、土佐合立社の林包明《はやしかねあき》の発議で「国会願望連合有志会」との呼称が決議されている。

同大会には、全国二府二二県から各政治結社の総代一一四名が出席した。三月二五日には、国会期成同盟規約の原案が提示された。同大会に集まった各組織をもって国会期成同盟とすること、議会開設の願望書が受け入れられれば憲法制定の代議人選出方法や憲法草案を政府に建言すること、聞き届けられなければ一一月に東京で大会を開き今後の方針を決めることなどが確定した。これを受け、「国会願望連合有志会」は国会期成同盟と改称されたのである。

大会では、願望書の文体が議論となった。当初、天皇に議会開設を嘆願する形式となる「哀訴体」の使用が考えられていた。しかし、日本国民にとって議会開設は当然の権利であり、天皇や政府に嘆願する類のものではないとの理由で、これに批判が出た。最終的には、権利としての議会開設を要求する形式となる「請願体」の願望書が採用された。

大会ではまた、願望書が受け入れられなければ一一月に開催される東京での大会を、「私立国会」とする提案がなされた。「請願体」の採用からも理解できるように、大会参加者にとって、もはや議会開設は当然の権利であった。彼らからすれば、政府が議会開設に舵《かじ》を切れば、国会期成同盟が意見を述べるべきである。議会開設を認めなければ、国会期成同盟がそのまま「私立国会」となる。

自らが議会開設の主体である、との意識から「私立国会」の提案は生まれた。この時点で「私立国会」の提案は否決されたものの、以降愛国社の基本路線となった。

愛国社の消滅と願望書の行方

自由民権グループの要求は、単に議会開設に留まらず、その主導権を握ろうというものであった。明治政府にとって、これは看過できない事態である。参議省卿分離をめぐって割れかけた明治政府も、ここは一致して取り締まりに打って出る。

四月五日、太政官《だじょうかん》布告第一二号として集会条例を公布し、即日施行した。集会条例は、政治集会の実施や政治結社の結成を許認可制とし、「国家に妨害ありと認」められる場合にはこれを許可しない、という法令である（『法令全書』）。また、政治結社同士の連合や連絡を禁じた。

盛り上がる国会期成同盟第一回大会は、集会条例を受け、四月九日に解散の命を受けた。ただし、その命令は、国会期成同盟ではなく愛国社に向けられた。愛国社が自由民権グループの中核組織とみなされたのであろう。

四月一五日、愛国社はその存続のために、集会条例にしたがい管轄の大阪府に「結社御届」を提出した。そこでは、愛国社の構成を政治結社単位から個人単位に改めるなど、取り締まりを回避するための方策が採られた。

しかし、大阪府はこれをなかなか認可しない。ようやく九月九日、大阪府は集会条例に抵触するという理由で不認可とした。集会条例の意図が、自由民権グループの取り締まりにあったことを考えれば、当然の対応であった。かくして、愛国社は消滅したのである。

一方、国会期成同盟第一回大会で決議された議会開設の願望書は、どうなったのであろうか。四月一七日、片岡健吉《けんきち》と河野広中《ひろなか》が代表となり、願望書を提出するために太政大臣三条実美を訪ねた。しかし三条との面会はかなわず、建白書の受付機関である元老院への提出を命じられた。彼らは、この願望書が建白書ではなく、国民として当然の要求であるとして、あくまで太政大臣経由で天皇に伝達するようこだわったが、これも認められなかった。

四月一九日、片岡らは元老院に願望書を提出した。以降、元老院に回答を求めるものの、元老院は、いかなる建白書に対しても回答はしていない、とこれを拒否した。片岡らは、ここでも建白書ではなく願望書であると主張する。五月八日、元老院は建白書でないのであれば受理できないとして、願望書を返却した。

五月一〇日、片岡と河野は、再び太政官に赴き太政大臣への願望書提出を訴えるが、これを拒まれた。

山県有朋の意見書

さて、在野で盛り上がる議会開設要求は、議会開設の主導権を国民の側が握ろうとするところまできた。政府もこうした動きを事前に察知しており、各参議が次々と立憲政体に関する意見書を作成し、三大臣に提出した。先述のとおり、先駆けとなったものが、明治一二年一二月に提出された山県有朋の意見書である。

山県はまず、維新後の日本は近代化に邁進《まいしん》してきたが、同時に経済的に厳しい人びとも増えたとする。そのため、内政面では民心が政府から離れつつある。また、外交面では条約改正交渉が進んでいない。こうした状況を打開するためには、「行議法ノ三権」、つまり行政・立法・司法の三権を整備することが重要であるという(以下、引用は『岩倉公実記』下)。

そのために求められるものが憲法である。憲法には、三権の関係性が明記されるからである。もっとも、政府もこれまで憲法制定を見据えた施策を行ってきた。元老院で憲法草案を作成したほか、「国憲制定ノ頭脳」とすべく地方官会議や地方民会を開いた。ついては、特選議会の開催を主張するものである。

山県のいう特選議会は、両院制議会である。「一ノ議会」は、各府県から選抜された学識経験者が集い、憲法草案を作成するほか、その他立法作業にも従事する。数年の経験を積み、立法権を担える段階まで成熟すれば、これを民選議院とすればいい。それまで、「一ノ議会」の開会・閉会や法案の最終決定権などは、政府の権限である。

また、いま一つの議会が元老院であり、皇族や官吏で構成される。元老院は「一ノ議会」が成熟するまで、「一ノ議会」のブレーキ役も務める。

こうして、徐々に議会が成熟し、憲法が制定されることで、民心も落ち着くだろう。

以上が山県の意見書の概略である。

約一〇年後の明治二三年、帝国議会開設時の内閣総理大臣が山県である。施政方針演説では「民力休養・政費節減」を求める衆議院に対し、陸海軍の拡張などを訴え、議会と真っ向から対立した。そのため、山県には議会に否定的なイメージが持たれがちである。しかし、この意見書からは、民選議院に一定の警戒感を抱きながらも、議会開設に前向きな山県が浮かび上がる。

山県の意見書が契機となり、岩倉具視は他の参議にも意見書の提出を求めるのである。

黒田清隆の意見書

次に立憲政体に関する意見書を提出した人物は、黒田清隆である。明治一三年二月一二日のことであった。

黒田は、自由民権グループの議会開設要求が「愛国ノ真情」から生まれたものではなく、「政府ニ抵抗スルノ具」になっていると喝破する（以下、引用は『岩倉公実記』下）。こうした状況下での議会開設は「不可」であり、「時期尚早」となる。

文明、開化、立憲、民権などと叫んだところで、それは「皮毛ヲ獲ルノミ」であり、「欧米各国ノ雄富ニ心酔」して惑わされているばかりである。このような皮相的な理解しかできていない現状ゆえに、議会開設が時期尚早なのである。また、民法や刑法といった法整備を議会に先んじるべきであるが、この準備も十分に進んでいない。

黒田は、議会開設の前に日本が優先すべきことがあると主張する。それは、「国益ヲ図ルハ物産ヲ起スニアリ物産ヲ起スハ農工商売ノ業ヲ勧誘スルニアリ」、すなわち勧業政策である。これを推進するため、「専省ヲ設ケテ之ヲ統治」させる。経費は、「国債ヲ募リ紙幣ヲ製シテ以テ之ニ充テ」る。

つまり黒田は、立憲政体に関する意見書を通じて、積極財政による殖産興業政策の推進を訴えたのである。先述のように、黒田が意見書を提出した明治一三年二月という時期は、参議省卿分離により井上馨が大蔵卿に就任し、積極財政が見直されるのではないか、と薩摩グループが疑心暗鬼になっていた頃である。黒田自身、意見書提出の三日後、三条実美・岩倉具視に大隈財政の支持と参議省卿分離の反対を訴えている。伊藤博文ら長州グループが着手しようとする議会開設を完全否定することで、積極財政に基づく勧業政策を維持させようという思惑が、黒田の意見書からうかがえるのである。

もっとも、そのような黒田であっても、実は議会開設そのものを否定しているわけではない。意見書の冒頭は、「広ク会議ヲ興シ万機公論ニ決ス」という五箇条誓文以降、明治政府が待詔《たいしょう》院や集議院、元老院を創設し、地方官会議を開催するなどして、議会開設に向けた努力を続けてきたことを列挙しているからである。

殖産興業推進を議会開設よりも優先すべきと考えたのであり、黒田とて、将来的な議会開設を否定しなかったことには留意せねばなるまい。

山田顕義の意見書

次なる意見書の提出者は、山田顕義であった。大隈重信が提案した外債募集が不可とされた後の六月のことである。

山田の意見書は、「国体ヲ議定スヘキ事」、「財政目的ノ事」、「陸海軍拡張ノ事」、「此他」の四項目で構成されている（以下、引用は『岩倉公実記』下）。前者二項目について、順に追っていこう。

まず、「国体ヲ議定スヘキ事」である。山田は、日本では伝統的に、人民の政治参加がなかったことを指摘する。しかし維新以降、人びとの政治関心が高まってきた。そこで、一部の法律制定や租税や予算に関する監査などに限り、人びとに参政権を与えてはどうかと提案する。

さらに、仮憲法を制定し、四～五年ほどの試行期間を設けることも提案する。のちに、元老院や地方官会議において、憲法を改めて議論し、確定しようというのである。

「財政目的ノ事」では、洋銀の安定や貿易収支の黒字化を見据えた施策を提示する。行政整理も盛り込み、かねてからの勤倹論に配慮する姿勢をみせる。ただし、山田は積極財政論者であった。国債募集による勧業政策や一部業界への減税を訴えているからである。

以上のように山田は、黒田清隆と異なり、議会開設にかなり前向きであった。他方で、財政論も展開しており、ここでは黒田と同じく積極財政論者としての山田が顔を出している。議会開設と財政が当時の大きな論点であったことが、山田の意見書からもうかがえるのである。

井上馨の意見書

続いて、七月に井上馨が意見書を提出した。

井上は、現今の明治政府が「徒《いたずら》ニ内閣ノ無事ヲ謀《はか》ルコト」ばかり考えていると、手厳しい（以下、引用は『岩倉公実記』下）。とりわけ、「巨万ノ資金」を浪費し、貿易赤字が続く状況に国民の不満が高まった。彼らは、かかる状況を打開するために議会開設を主張するのだという。それゆえに井上は、「輿論ノ帰向スル所ニ従テ国会ヲ開設シ以テ政府ノ組織ヲ一変」する必要性を訴える。

薩摩グループとは異なり、積極財政を見直すために議会開設を訴えた点に、井上の特徴がある。それは、「許多《きょた》事業ノ本タル国庫ノ出納《すいとう》ニ関スルモノ」は議会で審議されるべきである、との主張からも明らかである。

ただし、井上は慎重である。直ちに議会を開設しても、混乱する恐れがあると考えた。そこで、第一段階として民法を制定する必要があるという。民法を通じて、人びとが「法律ノ区域ヲ出テスシテ自由ニ生息優游スヘキコト」を理解することが先決である。

第二段階として、憲法の制定がある。憲法により、「王室政府人民ノ権限」を明確にする。こうして、ようやく議会開設にたどり着く。このように井上は、民法の制定→憲法の制定→議会の開設、という段階的発展を志向したのであった。

なお、民法や憲法の編纂《へんさん》にあたっては、元老院を廃止して、華士族を中心に一〇〇人ほどで構成される上議院を新設し、ここに委ねるべきだという。上議院と内閣の共同作業により、民法と憲法を制定していく、という構想であった。

宮中グループの議会開設論

井上馨の意見書提出後、しばしときが空く。折しも、政府内では米納論をめぐる財政論議の真っ只中であった。こうしたなかで、間隙《かんげき》を縫うように、宮中グループから議会開設をめぐる要求が相次いだ。

まず、七月に佐佐木高行が建白書を提出した。佐佐木は、財政難から人びとが窮乏を訴える現状を踏まえ、勤倹の重要性を指摘する。勤倹を実行するためにも、「大監察局」を置き行財政へのチェック機能を働かせる（『保古飛呂比』九）。さらに、元老院が作成中の憲法草案を審議し、議会開設を宣言すべきであるという。

佐佐木は、八月に再び建白書を提出する。ここでもやはり、「弾劾ノ職」の必要性が強調され、「監察官」の新設か、既存の元老院に弾劾権を付与することを求める（『保古飛呂比』九）。憲法を早期に制定し、立法・行政・司法の三権を確立すべきであるという。

薩長藩閥政府による財政政策への批判を通じ、行政監察機能の強化や元老院の憲法草案の採用を訴えることで、宮中グループの台頭を目論んだのである。

翌九月には、元田永孚が「国憲大綱」を提出した。ここでは、憲法制定と元老院強化が謳《うた》われている。また、その前提として、財政論議を解決する必要性が説かれた。

財政をめぐり、薩長を中心とした政府に亀裂が入り、宮中グループはそこに付け入る余地を見出した。行政監察機能により薩長藩閥を牽制し、議会開設や憲法制定の主導権を握ろうと考えたのである。

元老院の憲法草案

宮中グループが採用を求めた元老院の憲法草案とは、どのようなものであったのだろうか。

明治九年九月七日の国憲起草の詔勅を受けて、元老院では断続的に憲法起草作業が行われていた。元老院は、同年一〇月と明治一一年三月・七月に憲法草案を政府に提出したものの、実際に閣議で取り上げられることはなかった。

政府内外で議会開設への関心が高まった明治一三年、元老院での憲法起草作業が再開した。そして、七月二八日に一応の完成をみたのである。

もっとも、すでに参議に立憲政体に関する意見書の提出が指示されており、この時点で元老院の憲法草案が俎上に載る見込みがあったとは考えにくい。それでも元老院は、「堂々タル勅諭ニテ取調」を命ぜられたのだとして、強い意志を持って編纂作業に臨んだ(『保古飛呂比』九)。
九月から一一月にかけて、元老院の国憲取調委員が作成した草案について、元老院議官全員から意見が徴され、修正が加えられた。かくして一二月、第四次草案となる「国憲」が天皇に提出されたのである。

「国憲」では、元老院・代議士院からなる帝国議会が、立法権を天皇と「合同」するとした(以下、引用は『元老院国憲按編纂史料』)。宮中グループの主張と同じように、天皇親政と公議政治を統合させようという意識が垣間みえる。法案審議も、現行の元老院と同様に、三読会制が採用された。予算も、下院の先議であるものの、上下両院で審議される。

また、「両院ハ大臣参議諸省卿及長官ノ罪職務ニ係ル者ヲ劾スルコトヲ得」との条文も設けられた。上下両院に政府統制機能を付与したのである。これまでの草案では、「論告」とされた表現が、「劾スル」と強められたことも注目に値しよう。

以上のような「国憲」は、これまでに提出された各参議の意見書と比して、議会の権能を強めようとする内容であった。他方で、後述するように、在野の憲法草案と比べれば、下院(民選議院)と同様に上院にも強い権限を与えようというものである。

薩長藩閥に対抗し、かたや自由民権グループにもくみさない——それが元老院の立場であった。

国会期成同盟第二回大会

政府内でも議会開設をめぐる権力抗争が顕在化していくなかで、再び在野に動きがみられる。いま一度、在野へ視点を移そう。

先述のように、集会条例により愛国社は消滅した。ただし、国会期成同盟はその対象とならなかったため、明治一三年一一月一〇日、国会期成同盟第二回大会が開催された。

議会開設の願望書が拒絶されると、高知の林包明ら愛国社系グループは、再度の願望書提出は見送り、国会期成同盟を「私立国会」にしようと考えた。長野の松沢求策《まつざわきゅうさく》や山梨の小田切《おだぎり》謙明《けんめい》ら非愛国社系はこれに反対し、改めて願望書を提出するよう求めた。「私立国会」への転換は否決された。ただし、再度の願望書提出も見送られたため、同盟が将来的に「私立国会」になる可能性は多分に残された。

また、国会期成同盟を政党とすべきである、との議論も生じた。植木枝盛《えもり》らが、国会期成同盟を自由党という政党に改組しようと考えたのである。最終的にはこれも否決され、政党は別に組織することとなった。

大会後の一二月一二日と一五日、植木枝盛や河野広中、中江《なかえ》兆民《ちょうみん》らが集まり、自由党結成盟約を結んだ。明治一四年の政変後に誕生する自由党の萌芽である。

井上毅の台頭

再び、明治政府内に視点を戻そう。財政論議が喧《かまびす》しいなか、参議による立憲政体に関する意見書の提出は滞っていた。その裏面で、存在感を増していった官僚がいた。井上毅《こわし》である。

もともと井上は、伊藤博文や岩倉具視に重宝されていた。明治一二年九月に伊藤が提出した「教育議」は、井上の起草によるものである。なお、「教育議」は、維新以来の開化的教育政策を肯定するもので、儒教道徳に基づく教育の画一化を批判している。その後、元田永孚がこれに反発し、伊藤との確執が明らかになった。

井上の能力の高さは、政府内で徐々に認知されていった。明治一三年三月には、井上馨の信頼も得たようである。

三月二三日に井上毅が井上馨に宛てた書簡案が残っている。それによると、毅は馨からドイツ出張を打診されたようである。毅は、これに感謝の意を示すとともに、次のようにドイツの憲政を学ぶ意義を説いている。「政府ト国会トノ間、権衡相持シ、従テ富強ノ実、欧洲ニ冠首タルヲ得ル」と記し、ドイツが西洋のなかで台頭したことを紹介し、日本もドイツを範にすべきであるという（『井上毅伝』史料篇一）。

井上毅は、明治五年にフランスやドイツを訪問してから、ドイツこそ日本の目指すべき国家であると考えるようになった。そのような井上毅にとって、イギリス流の議院内閣制を志向し、人心への多大な影響力を持った福沢諭吉は、大いに警戒すべき対象であった。

遅くとも、財政論議が一段落した明治一三年一一月頃には、伊藤も立憲政体に関する意見書の作成に取り掛かったと思われる。伊藤は、その起草を井上毅に依頼した。一一月一九日には、素案が出来上がり、伊藤の手元に渡った。

これを確認した伊藤は、天皇の聖断のもとに憲法制定や議会開設に動くことを明記すべきである、と述べている。天皇の聖断という建前のもと、議会開設の主導権を政府が握ることを判然としておきたかったのであろう。

なお、一一月末、井上毅は、清に派遣された。帰国は翌年三月四日である。むろん、井上毅の離日中も政府内では議会開設の議論が進められていく。まずは、伊藤の意見書を確認しておこう。

伊藤博文の意見書

伊藤博文が立憲政体に関する意見書を提出したのは、ようやく一二月一四日になってのことであった。

伊藤は、士族の不平や民衆の政治意識の高まりを踏まえつつ、「国会を起して以て君民共治の大局を成就するは甚た望むへき事なり」とする（以下、引用は『岩倉公実記』下）。ただし、議会開設は国体の変更に関わることであるため、慎重にすべきである。

国家の礎《いしずえ》を確立することが先決であるとし、まずは上院を整備すべきだという。すなわちそれは、元老院の権限強化である。元老院を華士族から公選された者や国家に功労ある者など、一〇〇名で構成し、法案の実質的決定権を与える。元老院の権限を強化することで、立法過程に「公議」を組み込もうとしたのである。さらに、元老院を「王室の輔翼《ほよく》」とし、将来の下院（民選議院）に備えようという主張である。

伊藤は、政府の財政も射程に入れる。立法過程のみならず、財政にも「公議」を組み込むため、公選の検査官を設けようと考えた。府県会議員のなかから公選し、現行の官選の検査官と協調して、会計検査に関与させる、というものである。ただし、その役割はあくまで会計検査に止まっており、予算編成などはこれまでと変わらず政府内のみで行うものとした。

このように伊藤は、在野の議会開設要求を、政治参加の拡大を求める「公議」運動であると捉えた。また、条約改正などを見据えれば、将来的な議会開設は必須であることも認識していた。そこで、これまで以上に「公議」を意識する改革を訴えた。改革が行われれば、ひとまず在野の政治運動は落ち着くであろう。そうしたなかで、政府主導で議会を開設しようと考案したのではなかろうか。

伊藤は、意見書提出の翌々日、岩倉に書簡を宛てた。そこには、「内閣ニ而《て》も何卒不被為捨置《なにとぞすておかせられず》、厚ク御評議奉希候《ねがいたてまつり》」と、自らの意見書を捨て置かず、しっかりと評議してもらいたいと綴られていた（『岩倉具視関係史料』上）。

大隈重信の動向

一方、大隈重信は、未だ意見書を出していない。明治一三年後半の大隈は、財政論に躍起になっていた。たとえば一〇月から一一月にかけて、佐野常民とともに、五代友厚に貿易会社の創設を勧めている。これが関西貿易社という形で実現し、明治一四年の政変の大きな要因となる。

藩閥という後ろ盾が弱い大隈にとって、政府内で存在感を示すためには財政での実績が欠かせなかった。もっとも、このことは、大隈が議会開設に無関心であったということを意味しない。これまでみてきたように、多くの参議は、財政論と関連づけて議会開設を考える意見書を提出しているからである。ましてや、開明派と位置づけられる大隈が、議会に何の考案も持っていないとは考えにくい。

しかし他方で、この間の大隈の議会構想を示す史料が残存していないこともまた、確かである。おそらく、他の参議にとっても、大隈の議会構想が不透明であったことだろう。この大隈の「沈黙」が、のちに大隈陰謀論の論拠となる。

次章より、いよいよ政変が起こる明治一四年に入っていこう。

第三章　第二世代の分裂——明治一四年前半

一　議会開設をめぐる政争と大隈の意見書

それぞれの明治一四年初頭

前章で触れたように、明治一三年（一八八〇）はまさに「国会年」と呼べる一年であった。在野では、西南戦争後のインフレを抑えられない要因を、薩長藩閥による寡頭《かとう》政治の結果である、とする見解が主流となった。そのため、自由民権グループに代表されるように、議会開設を求める運動が隆盛したのである。

政府内でも、議会開設が検討された。各参議が、立憲政体に関する意見書を作成したのである。議会開設をどの程度の優先度とするかはさまざまであったものの、まったく考慮しない者はいなかった。議会に後ろ向きとされる黒田清隆《きよたか》も、あくまで議会開設を「時期尚早」とし、完全に否定したわけではない。しかし政府内では、意見書の集約作業にはいたらなかった。

明治一四年は、そこから一歩進み、議会開設の主導権を握るための争いが繰り広げられる。

もっとも、単に議会を開設すればいいわけではない。

外に目を向ければ、オスマン帝国が、日本に先んじて一八七六年に憲法を発布し、翌年に議会を開設した。しかし、これらは十分に機能することなく、一八七八年に憲法が停止され、議会も閉鎖された。日本でも同じような事態を招いては、明治政府の悲願である条約改正は達成できない。議会政治を定着させ、日本が近代国家であることを西洋諸国に認めさせねばならなかった。

内に目を向ければ、幕末以降の公議運動の帰結として、議会開設は至上命題であった。議会政治を定着させるため、議会や憲法への深い理解は欠かせない。むろん、理想や理念、知識のみでは東洋初の議会開設はなし得ないだろう。議会開設を実現させるための政治的推進力も求められる。

これらの政治的思惑が錯綜し、時代は明治一四年の政変へと流れていく。まずは、明治一四年前半について、伊藤博文《ひろぶみ》の動向から追うこととしたい。

熱海会議

明治一三年一二月の意見書からわかるように、伊藤博文は議会開設の主導権を握ろうとした。もっとも、議会開設という一大事業を推進するためには、岩倉具視《ともみ》や薩摩グループとの協調が不可欠である。とりわけ黒田清隆は、財政論議に敗れたこともあり、議会開設に後ろ向きになることが予想された。そこで伊藤は、まず黒田への説得を試みるのである。

明治一四年一月二日、伊藤は熱海《あたみ》に入った。議会開設に前向きな井上馨《かおる》・大隈重信《しげのぶ》とともに、熱海の地で黒田を説得しようとした。一月五日、伊藤は井上・大隈に書簡を宛て、両者の宿泊先はいずれも「眺望絶好」であることを伝え、一〇日までに熱海に来てほしいと送った（『大隈重信関係文書』四〈東京大学出版会〉）。

いわゆる熱海会議は、伊藤ら三参議に薩摩グループの黒田・西郷従道《つぐみち》・五代友厚《ともあつ》・前田正名《まさな》、大隈派の矢野文雄《ふみお》らが加わり、一月半ばから二月初めまで断続的に開催された。伊藤は、薩摩グループ内で議会開設に前向きな西郷や川村純義《すみよし》に黒田説得を依頼していたようである。

しかし、熱海会議は、伊藤の思惑どおりに進まなかった。再び財政論議が展開され、議会開設を話し合うどころではなくなったからである。東京に留まっていた松方正義《まさよし》は、熱海会議で五代らが積極財政論を再び展開するのではないかという懸念を、伊藤に示していた。結果、松方の読みどおりになったのである。

また、伊藤には一つの誤算があった。それは大隈の対応である。黒田への説得の協力者として想定していた大隈が、積極財政を主張する薩摩グループになびいたからである。

熱海会議の直前である一月八日、内務省権《ごん》大書記官の桜井勉《さくらいつとむ》は、井上馨の農商務省分掌参議就任や松方の農商務卿就任の噂《うわさ》を大隈に伝え、積極財政に反対する勢力の台頭への警戒を露《あら》わにしている。また、大蔵卿の佐野常民《つねたみ》も、農商務省の設置を見送った方がいいのではないかと、大隈に相談する状況であった。

こうしたなかで大隈は、農商務省設置への反対論を、会議の場で突如展開した。伊藤も、そのような大隈に「不平」を示したという（『保古飛呂比』一〇）。

もっとも、大隈も当初は、議会開設へのコンセンサスを得られるよう、会議をまとめるつもりであった。明治天皇は佐佐木高行《たかゆき》に、「大隈参議ガ熱海ニ往キ纏《まと》メルトノ事也《なり》」と話している（以下、引用は『保古飛呂比』一〇）。また、「伊藤モ建白不被行《おこなわれざれ》ハ退職ノ下心ノ趣ナリ」とも語っていた。ただし明治天皇は、「黒田ハ中々何事モ聞カヌ性質故《ゆえ》他人ノ言ヲ入レザル風ニテ随分困リ者也」ともみていた。

結局、明治天皇の見立ては正しく、熱海会議は、伊藤ら長州グループの敗北に終わったのである。

三参議と福沢諭吉

熱海会議では、財政論をめぐって伊藤博文・井上馨と大隈重信との間の溝が露呈した。ただし、三参議は決して、議会開設を重視していなかったわけではない。熱海会議以前から、議会開設に向けて外堀を埋めるため、世論の支持を得ようと企てたのである。

明治一三年一二月二四・二五日、三参議は福沢諭吉《ゆきち》を大隈邸に呼び寄せた。福沢によると、このとき、彼らは政府機関紙の発行を計画しており、その編集責任者を福沢に依頼した。ただし、福沢は即答しなかった。

明治一四年一月、井上が福沢を再び説得した。その際、三参議が議会開設を決心したことを伝えたという。しかも、「如何《いか》なる政党が進出《すすみで》るも、民心の多数を得たる者へは最も尋常に政府を譲渡さんと覚悟を定めた」と語った（『福沢諭吉全集』一七）。これはつまり、福沢が主張してきた、イギリス流の議院内閣制を採用する、ということである。福沢は、この井上談を受けて、依頼を受諾した。

一月一七・一八日頃、井上は福沢のもとを訪れ、これから熱海で伊藤・大隈に会うこと、三参議の間に不和が生じていないことなどを伝えている。また、福沢が議会開設の時期を尋ねたところ、井上は容易にはいかないものの、三年くらいではないか、との見通しを示した。

二月に入り、福沢は井上談の信憑《しんぴょう》性を大隈に尋ねた。大隈は、議会開設の時期は明言できないものの、三参議が結託して薩摩グループを説得中であると回答したという。

以上は、明治一四年の政変後の一〇月一四日に福沢が伊藤・井上に宛てた書簡や、福沢の回想に依ったものである。後述するように、井上はイギリス流の議院内閣制の採用までは明言していない、と福沢に反論している。また、先に触れたように、伊藤や井上の立憲政体に関する意見書は、具体的な議会像を提示していない。さらに、福沢の回想が事実であったとしても、三参議のリップサービスもあったかもしれない。福沢の言がどこまで確かであるのか、そして三参議が福沢にどこまで本音を語ったのかは、慎重に判断せねばなるまい。

もっとも、三参議の熱海会議への意気込みなどを考えれば、議会を開設すること自体は一致していたと考えて差し支えなかろう。また、議会開設の主導権を握るべく、新聞メディアにより世論の支持を得ようと考えていたことも間違いない。なぜならば、伊藤・井上は、福沢と並び世論への多大な影響力を有し、『東京日日新聞』で社長を務めていた福地源一郎《ふくちげんいちろう》（桜痴《おうち》）にも、政府機関紙の発行を相談しているからである。また、明治一三年一二月一二日の段階で、大隈に「福沢云々《うんぬん》一応相談之上」で福沢に編集責任者を依頼したい、との書簡を伊藤が井上に宛てていることから、福沢への打診は伊藤の発案であったと考えられる（「井上馨関係文書」）。

伊藤ら長州グループが、議会開設の主導権獲得に向けて、薩摩グループを説得するだけでなく、世論の動向も射程に入れていたことは注目に値しよう。それは、政府批判を繰り返す自由民権グループへの対抗という意味もあろう。実際、明治一三年の新聞は、さまざまな議会論を展開しており、政府も無視できない状況であった。伊藤らと福沢とのやりとりから半年後、世論は薩長藩閥批判で燃え上がるのだが、それはまだ先の話である。

福沢の議会論

先述のとおり、政府機関紙をめぐる福沢諭吉の主張が、どこまで事実であるかは判然としない。しかし、福沢が三参議による議会開設を後押ししたことは確かである。

三月一〇日、福沢はのちに出版する『時事小言《じじしょうげん》』の「国会論」に当たる箇所を大隈重信に送った。福沢はいう。国家に「資財を要することあれば、其時に当て直《ただち》に之《これ》を徴収す可《べ》き」、つまり国家財政上必要であれば増税もやむを得ないとする。(以下、引用は『福沢諭吉全集』五)。しかし、「公然たる国会なるものなくして、之を人民に謀るの道」がない、つまり議会開設によって人びとに政治参加を認め、同時に増税も実行しようという。

福沢はまた、一貫して積極財政論者であった。「今後の要《かなめ》は、全国資力の源を深くして、此《この》熱心に附するに実物を以《もっ》てせんが為に殖産の道を開くの一法あるのみ」と説く。

具体的な議会像はともかく、議会開設の推進という点で、福沢と三参議は一致していた。しかし、財政論に目を移せば、積極財政派の福沢は、伊藤博文・井上馨と決定的な違いがあった。

それでは、大隈はどうであろうか。明治一三年の財政論議で、従来の積極財政論からの転向をみせた大隈であったが、そもそもは積極財政論者である。熱海会議でも、積極財政論に基づき、農商務省設置の見送りを主張した。これらを踏まえれば、福沢と大隈は、議会開設においても積極財政においても、考えを一致させていたことがわかる。

事実、福沢は議会開設以外の面でも、大隈と懇意にしている。三月一九日に福沢が大隈に宛てた書簡は、後藤象二郎《ごとうしょうじろう》が経営する高島炭鉱を三菱が買収する計画の後押しを依頼するものである。大隈の後押しがあったのか、三菱による高島炭鉱の買収は、四月に実現した。

三月から四月頃、福沢は議会開設の件がどのようになったのか、伊藤や井上でなく、大隈に確認している。大隈はこれに、薩摩グループを説得中である旨を回答した。

このように、福沢と大隈の間に、一定の信頼関係があったことは間違いない。こうした折、ついに大隈が、立憲政体に関する意見書を提出するのである。

伊藤の懸念

大隈重信の意見書を扱う前に、政府内の動向に話を戻そう。

熱海会議は、伊藤博文の思惑から外れた結果となった。もっとも、参議のなかで、すでに伊藤と大隈は頭一つ抜きん出た存在になっていた。岩倉具視は、三条実美《さねとみ》に宛てた書簡のなかで、伊藤と大隈の「政略意見」が「今日之急務」であると述べている（「岩倉具視関係文書」）。

議会開設の主導権を握ろうと考える伊藤は、当然大隈の立憲政体に関する意見書の内容が気がかりであった。大隈が意見書を提出したか、岩倉に何度も尋ねたようである。岩倉もこれを受けて、意見書未提出という大隈の状況を、伊藤が気にしている旨を大隈に書き送っている。

当然のことながら伊藤は、政府内の動向にも気を配っていた。すでに伊藤らが憲法草案の不採用を決めていた元老院では、なおも憲法の制定方法が議論されていた。元老院議官の浅野長《あさのなが》勲《こと》は、国民が直接、または国民の代表者が制定する民約憲法論を主張した。かたや同じく議官の細川潤次郎《ほそかわじゅんじろう》は、天皇の名のもとに制定する欽定《きんてい》憲法論であった。

三月四日、伊藤は元老院副議長佐佐木高行との会話のなかで、道理から考えれば民約憲法であるが、現在の政治状況を考慮すれば、欽定憲法でなければまとまらない、と述べた。同時に、「生意気ノ書記官」が「頗《すこぶ》ル急進論」を唱えるので困る、とも漏らしている（『保古飛呂比』一〇）。

これまで述べてきたように、欽定憲法とすることで、議会開設の実質的主導権は政府のものとなる。「生意気ノ書記官」とは、元老院の書記官であろうか。はたまた、三月四日に清から帰国した井上毅《こわし》のことであろうか。後述するように、以降の井上は、伊藤に対して議会に関する持論を頻《しき》りにぶつけていた。

もっとも、伊藤は、主導権を握ろうとするからこそ、議会開設を慎重に考えていた節がある。そのような伊藤にとって、大隈意見書への関心は、極めて高かった。

さて、こうしたなかで大隈は、立憲政体に関する意見書を提出した。正確な日付は不明であるが、三月一一日とする説が学界の主流である。

まず、その内容を紹介しよう。

大隈意見書の内容

大隈重信は、今般議会開設を求める人びとの声が高まったことを受け、ようやく議会開設の機が熟したと述べる。ただし在野には、西洋諸国とどう対峙《たいじ》していくのか、国内をどう改良するのか、という問題意識が希薄であり、議会開設が手段ではなく目的になっているという。

そこで、速やかに議会開設の期日を宣言すべきである、と主張する。さらに、憲法制定の委員を選定し、議事堂の建設にも着工すべきである、とも述べた。

大隈意見書は、具体的な議会像を提示した。議会政治とは、国民に参政権を与えることである。すなわち、国民の過半数の支持を得た政党が、立法部の主導権を握る。さらに、その政党の党首が中心となって、行政部の実権も握るべきであるとする。

西洋諸国に目を向ければ、執政者がその地位を譲らないために、立法部と行政部との間に軋《あつ》轢《れき》が生じている。あのイギリスも、かつてはそうであった。しかし、国民の支持を重視し、第一党から行政部の主要ポストを輩出するようになり、軋轢を解消した。つまり大隈は、イギリス流の議院内閣制の採用を主張したのである。

ただし、今日のアメリカの大統領制のように、政権交代とともにすべての官僚を入れ替えようとは考えていない。官僚を政党官と永久官に分類する。前者は、選挙により政権を獲得した与党の指名により就任する官僚である。後者は、中立的立場から行政を担い、選挙の結果に左右されず「終身勤続」となる官僚である（以下、引用は『岩倉公実記』下）。また、三大臣の職も維持し、政党とは別に、天皇を支える存在として位置づけた。

もっとも、上院の組織や下院議員の選出方法の決定には慎重な議論が求められるため、意見書内では言及しないとした。また、人権のあり方を明瞭にすることも、憲法の重要なポイントであると述べている。なお、憲法は欽定憲法とする。

さて、大隈は、議会開設に向けて具体的なスケジュールを提示している。それは、明治一四年内に憲法草案を作成し、同年末から翌一五年初頭にかけて憲法を発布する。そして、一五年末に議員を召集し、一六年に議会を開会する、というものであった。

このようなスケジュールを踏まえれば、いち早く政党を誕生させる必要がある。それには、政策が重要となる。そこで、明治政府は、議会開設の期日を宣言したのちに、「現在内閣ヲシテ一派ノ政党」とし、「施政主義」をまとめる必要がある。大隈自身、「施政主義」に関する「所見」を持っているため、他日を期したいとしている。

以上が、大隈意見書の内容である。

大隈意見書の提出経緯

大隈重信の意見書は、福沢諭吉の門下生であり、大隈のブレーンでもあった矢野文雄が原案を執筆した。その際、トッドの『英国議院政治論』をかなりの程度、参考にしたとされる。

後年、矢野は、大隈意見書について、「全文盡《ことごと》く我輩が執筆したものである」（以下、引用は『伊藤博文秘録』）、と語っている。当時、大隈・伊藤博文・井上馨の三参議は、議会開設や憲法制定に向けて意見交換をしていたものの、具体的な内容を詰めきれていなかった。そこで矢野は、イギリスの議会制度に精通し第一人者であることを自負していたこともあり、「これに関する意見書は幾篇となく書いた」という。そのうちの一つが、大隈意見書になった。なお、官僚を政党官と永久官に区別したこと、三大臣の職を維持したことは、矢野が「最も熱心に主張して、大隈侯も賛同してくれた」ことであるという。

一方で矢野は、以上の回想とは別に、「若《も》し多少訂正したとすればそは小野梓《おのあずさ》氏辺だろう」、と吉野作造《よしのさくぞう》に語ったといわれている（『明治文化全集』一〇・正史篇・下）。もっとも、小野が修正を加えたかどうかは、判然としない。

さて、大隈はなぜ三月に意見書を提出したのであろうか。先述したとおり、大隈は意見書の提出を岩倉具視から催促されていた。さらに、左大臣の有栖川宮熾仁《たるひと》親王からも提出を促された。大隈は、書面では真意が伝わりにくく漏洩《ろうえい》の恐れもあるため、自らの考えを口頭で伝えたい、と回答したという。

しかし、その後も有栖川宮から度重なる催促を受け、ついに大隈は意見書を提出した。その際、「殿下ノ外ハ御同列ニテモ此建言書御示シ被下《くだされ》間敷《まじく》ト堅ク申出タリ」、つまり意見書は有栖川宮限りとし、三条実美や岩倉にもその内容を伝えないでほしい、と願い出た（『大隈重信関係文書』四〈東京大学出版会〉）。

大隈の意見書は、密奏という形が採られたのである。

密奏の意図

のちに、大隈重信が意見書を密奏したことが、伊藤博文らに大隈への不信感を抱かせ、明治一四年の政変の大きな要因となる。なぜ、大隈は意見書を密奏したのであろうか。

かつての研究では、大隈が伊藤らを出し抜き、在野の福沢諭吉や自由民権グループと結託し、早期の議会開設を実現することで、議会開設後の政治のイニシアチブを握ろうとした、とする見解が主流であった。しかし近年、異なる見解が示されつつある。

歴史学者の真辺将之《まなべまさゆき》氏は、大隈による議会の早期開設の訴えは、自由民権グループに議会開設の主導権を渡さないこと、政府部内の進歩派を中心とした政党が政権を獲得することに主眼を置いており、その意味で伊藤らを出し抜こうという意図はなかった、との新見解を示している。大隈は、この意見書が急進的であることに自覚的であり、だからこそ誤解を受けぬように密奏となった。しかしこの点は、大隈の根回し不足であり、後々に大隈陰謀論の根拠となってしまう。

筆者も、この見解におおむね同意する。そもそも大物参議とはいえ、大隈の意見書も一意見書に過ぎない。少なくとも伊藤らの協力なくして、この意見書が実現するとは考えていないだろう。財政論議で敗北した大隈が、イギリス流の議院内閣制の採用という、他の参議よりも具体的な議会像を提示することで、三大臣に自らの存在感を高めようとした可能性はあるものの、これをもって伊藤らを出し抜くことにはならない。

だからこそ大隈は、伊藤らに根回しをすべきであった。しかし、大隈はそれをしなかった。筆者は、この点にも、大隈が伊藤らに内密にした理由があると考える。

これまで提出された他の参議の意見書には、いずれも財政への言及があった。後述するように、大隈自身、他の意見書の内容を確認している。にもかかわらず、大隈の意見書には財政論が皆無であった。矢野の執筆であれ、大隈が財政論を盛り込むよう指示を出せば済む話である。

一方で大隈は、現在の内閣を一つの政党とし、具体的な政策をまとめたいと意見書に記した。その政策こそ、財政論、すなわち積極財政の推進を意味していたのではないか。しかし、伊藤が意見書の内容を知れば、具体的な政策について尋ねられる。熱海会議では、大隈と伊藤の財政論に対する熱度の差が顕在化し、意見書提出の時点でも状況は変わっていない。大隈としては、それを蒸し返し、伊藤との関係を悪化させたくなかった。

つまり、大隈は伊藤への根回しを怠ったのではなく、あえて避けて、意見書を密奏したのである。筆者は、大隈が意見書を密奏した意図を、以上のように考える。

もっとも、大隈の真意がどうあれ、大隈がそれを明言しない以上、当時の人びともそれを推察せざるを得なかった。その結果、大隈は、薩長藩閥政府を打倒しようという陰謀を秘めているのだ、と邪推されることとなる。

交詢社の私擬憲法案

四月二五日、『交詢雑誌《こうじゅん》』第四五号に交詢社の私擬憲法案が発表された。交詢社とは、明治一三年一月に福沢諭吉が中心となり結成された、日本最古の社交クラブである。交詢社が発表した私擬憲法案は、大隈重信の意見書を起草した矢野文雄のほか、小幡篤次郎《おばたとくじろう》・中上川彦次郎《ひこじろう》・馬場辰猪《ばばたつい》ら福沢の門下生を中心に作成された。

大隈の意見書は、その私擬憲法案に類似していた。それが、政府内で大隈への疑心暗鬼が募る一因となった。まず、私擬憲法案の内容を確認しておこう。

私擬憲法案では、元老院と国会院の両院で組織される議会を想定している。内閣のトップである首相には、元老院か国会院いずれかの議員が就任する。そして、首相がその他の大臣を推薦する。内閣と議会が衝突した場合、首相は内閣総辞職か国会院の解散を選択することとなる。

上院である元老院の議員は、三分の二が皇族・華族のほか、天皇から特選された者が終身で務める。三分の一は、全国から選挙により選出され、任期は四年である。他方で、下院の国会院は、全国から選挙により選出され、任期は四年である。原則として、人口八万人当たり一名の議員が選出される。
また、「民権」の章が設けられており、信教の自由や表現の自由が盛り込まれた。

　つまるところ、私擬憲法案は、イギリス流の議院内閣制を採用しているのである。この点で、私擬憲法案と大隈意見書は一致している。また、私擬憲法案が「民権」を重視した点は、大隈意見書が人権を重視する姿勢に合致する。

　ただし、私擬憲法案と大隈意見書では、異なる部分も少なくない。大隈意見書では、官僚を政党官と永久官に分別したほか、三大臣の維持を謳《うた》った。しかし、私擬憲法案では、これらへの言及はない。また、大隈意見書は、上院の組織や下院議員の選出方法を明記していないが、私擬憲法案では、これらを詳述している。

　なお、私擬憲法案への福沢の関与については、大きく関与しているという説や、まったく関与していないという説など、さまざまである。どうあれ、私擬憲法案が福沢の影響を大きく受けていることは間違いない。

　以上、大隈意見書と私擬憲法案を比較した。差異が多いものの、どちらもイギリス流の議院内閣制を採用したことから、のちに政府内では、大隈意見書の背後に福沢がいるのではないか、という不信感が生まれることとなる。

小野梓の「今政十宜」

さて、大隈重信の側近である小野梓も、明治政府の改革に熱を上げた。二月末から三月中旬にかけて自らの主張をまとめ上げ、三月一八日に大隈へ提出したものが「今政十宜《きんせいじゅうぎ》」である。「今政十宜」ではまず、内閣の改革が謳われる。小野は、現行の参議省卿の政治的志向があまりに異なっていると指摘する。「閣内の諸員みな政略の方嚮を同」じくして、「これを上に統帥するの実力」を持つ「首相」を据える体制が理想的である（以下、引用は『小野梓全集』三）。

この小野の主張には、大隈が前年に推進したものの実現しなかった外債募集を、再び俎上《そじょう》に載せようという意図があった。たしかに外債募集には危険がともなうが、インフレを抑制し、「財産所有の安固」を守るメリットの方が大きいという。

なお、「今政十宜」の最後には、開拓使の廃止も盛り込まれた。開拓使がこれまで約一〇年にわたり費やしてきた金額に比して、「実際挙ぐる所の事業」はあまりに乏しい。そのため小野は、開拓使を廃止し、北海道を三つ、四つに分けてはどうか、と主張した。

三月二〇日、小野はこの「今政十宜」について、大隈と議論する機会を得た。小野によれば、大隈は「胸襟ヲ啓《ひら》キ」語り、小野の考えに賛同したという（『小野梓全集』五）。

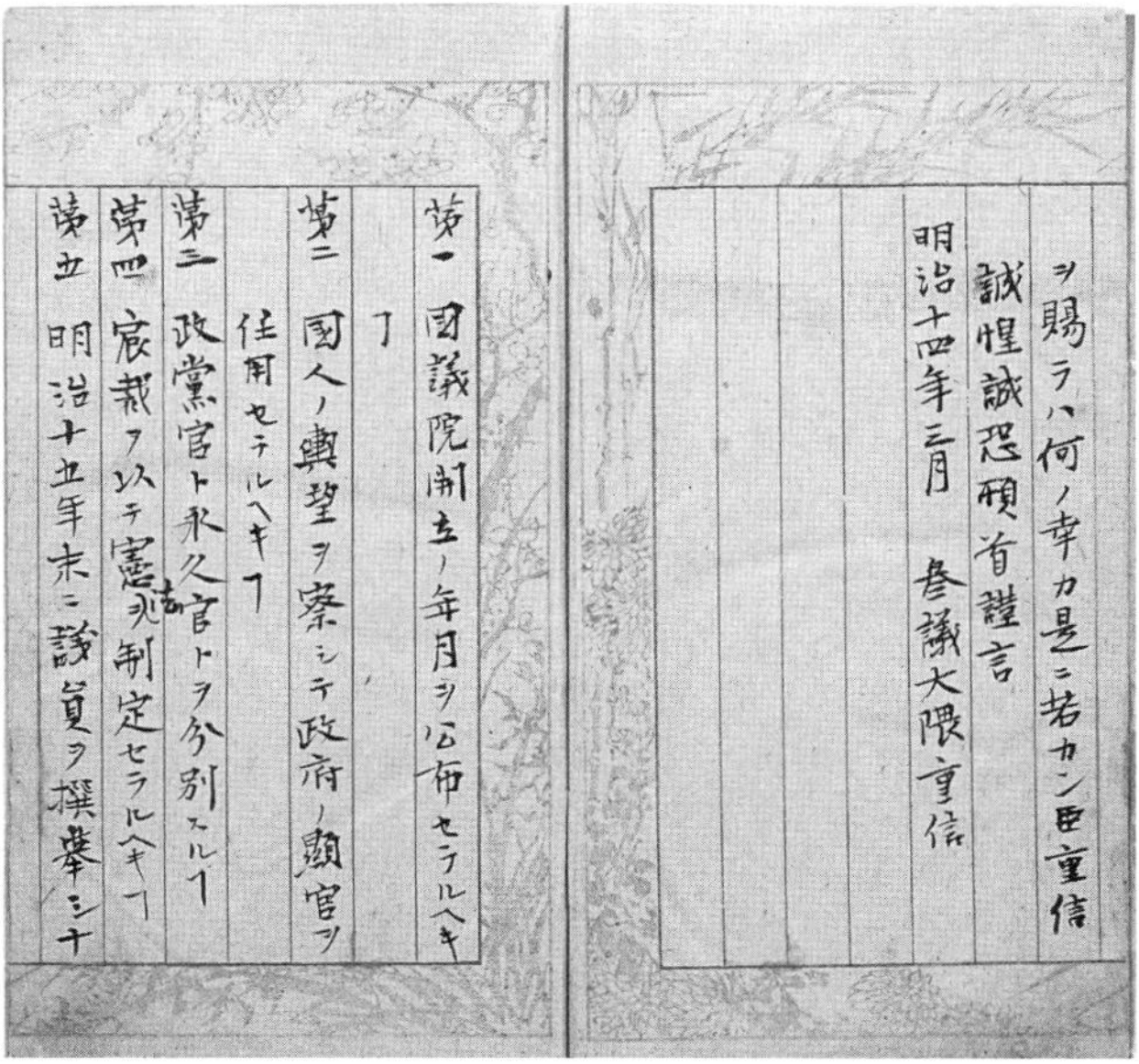
ヲ賜ラハ何ノ幸カ是ニ若カン臣重信
誠惶誠恐頓首謹言
明治十四年三月　参議大隈重信

第一　国議院開立ノ年月ヲ公布セラルヘキ
ヿ
第二　国人ノ輿望ヲ察シテ政府ノ顕官ヲ
任用セラルヘキヿ
第三　政黨官ト永久官トヲ分別スルヿ
第四　宸裁ヲ以テ憲法制定セラルヘキヿ
第五　明治十五年末ニ議員ヲ撰挙シ十

大隈重信の上奏文（写）。明治天皇の手許にあった意見書を借覧した伊藤が筆写したもの。

二　大隈意見書の波紋

苛立つ伊藤博文

明治一四年（一八八二）三月に大隈重信が立憲政体に関する意見書を提出したものの、密奏だったため、伊藤博文はその内容はおろか、提出されたこと自体、すぐには把握していない。伊藤が大隈意見書の提出とその内容を知るのは、ようやく六月下旬のことである。薩長両グループの均衡を取りながら、政府内で議会開設の主導権を握るという伊藤の狙いは暗礁に乗り上げており、伊藤は苛立《いらだ》ちを募らせていく。

議会開設に向けて薩摩グループの領袖《りょうしゅう》である黒田清隆を説得しようと、一月に伊藤が仕組んだ熱海会議は、かえって黒田を頑《かたく》なにさせた。以降も三月から四月にかけて、薩摩グループは人事をめぐり、長州グループと衝突する。

海軍卿の榎本武揚《たけあき》が海軍人事に口出ししたことに不満を持った薩摩グループは、海軍参謀本部を新設し、川村純義を本部長に据えようとした。これを契機に、薩摩グループと榎本の対立が生じたのである。岩倉具視や伊藤、井上馨の周旋により、長州グループの参議山田顕義《あきよし》に海軍卿を兼任させ、榎本を新設の農商務卿に転任させることで落着したかに思われた。

しかし、発表前に薩摩グループから異論が出た。たとえば黒田は、「所見」を伝えたいとして、三大臣に抗議の書簡を送っている（「黒田清隆関係文書」）。その結果、川村が参議と海軍卿を兼任することとなった。

他方、農商務卿には文部卿の河野敏鎌《とがま》が転任した。この背景には、河野が復古的・儒教主義的教育を推進する文部少輔九鬼隆一《くきりゆういち》ら省内官員と対立したことがある。さらに、積極財政の見直しを図る松方正義の影響力を低下させるため、大隈が河野を説得し、農商務卿に据えたのではないか、との臆測を生んだ。松方自身、財政健全化のために創設された農商務省のトップに、積極財政派と目される河野が座ることへの懸念を、伊藤に示している。

伊藤にすれば、薩摩グループや大隈の影響で、思うように人事を動かせなかったのである。それればかりか、人事に忙殺された井上馨が、三月下旬から五月中旬にかけて、病気療養により東京を離れることとなった。

こうした政府内の動向を、佐佐木高行は次のようにみていた。「三大臣モ実ニ権力ナク、随意ニ引入リ勝手ニ往来セル薩参議」にまったく対処できていない（以下、引用は『保古飛呂比』一〇）。三大臣は「伊藤ノ言ノミ採用セリト」想像されるが、これに対して薩摩グループは、三大臣の主張も「伊藤ノ説ナリト都《すべ》テ信用セズ、不平相鳴ラシ候《そうろう》」。そのため佐佐木は、「内閣モ破裂」するのではないかと、明治天皇に話したところ、「尤《もっと》モナル事ナリ」との返答を受けたという。

こうしたなかでも、伊藤の最大の関心事は、やはり議会開設の主導権の行方であったと思われる。そもそも、条約改正を見据えれば、近代国家としての指標となる議会開設は不可避である。在野で盛り上がる、自由民権グループなどによる議会開設運動は、議会の重要性を訴えるものから、開設の主導権を握ろうとするものへと変貌《へんぼう》していた。

しかし、政府内に目を移せば、黒田は、財政論議を引きずり議会開設に消極的であった。そうであるならばと、伊藤は参議筆頭の大隈と連携するも、熱海会議で大隈に足並みを乱された。それればかりか、大隈は立憲政体に関する意見書をなかなか提出しないのである。一方で、盟友の井上馨が病気療養のため離脱してしまう。伊藤にとって、大隈との連携は一層重要となった。岩倉を通じて大隈に意見書の提出を催促したことは、述べたとおりである。

苛立つ伊藤を知ってか知らずか、大隈は立憲政体に関する意見書を密奏した。伊藤がそれを知る前に、大隈は別の意見書を新たに作成していた。それは、議会開設に関するものではなく、積極財政を主張するものであった。

大隈重信の狙いと関西貿易社の設立

明治一四年四月頃、大隈重信は「公債ヲ新募シ及ヒ銀行ヲ設立セン事ヲ請フノ議」を作成していた。大隈はまず、内外債五〇〇〇万円を募集し、紙幣整理を行おうと考えた。それとともに、銀行を設立し、兌換券《だかん》の発行による金融制度を整備する。要するに、積極財政の復活を謳ったのである。

大隈がこうした意見書を作成した背景には、積極財政に否定的な井上馨が離脱したことがあろう。大隈は、井上抜きの状態であれば、伊藤博文と財政論で折り合える可能性があると考えた。また、松方正義が河野敏鎌の農商務卿就任を受け、緊縮財政を訴える自らの影響力低下を懸念したことは、すでに述べたとおりである。

大隈はまた、五代友厚や前田正名らとの連携を継続していた。輸入超過をインフレの主要因と捉《とら》えていた大隈は、直輸出を推進することで正貨《せいか》の蓄積を増やし、インフレを抑制しようという考えを持っていた。他方で五代らは、大隈の直輸出拡大という政策方針を踏まえ、それを担うべき会社の設立を模索した。

かくして五月、資本金一〇〇万円の「関西貿易社」が設立されたのである。その目的は、中国貿易の拡大である。もっとも、関西貿易社といっても、関西の物産を輸出するわけではない。彼らは、北海道の物産を射程に入れていた。六月には四、五名の委員を北海道に派遣し、「着手スベキ要件ヲ点査シ、営業ノ目的ヲ査定」することを計画していた（『五代友厚伝記資料』三）。

この関西貿易社が、のちに明治一四年の政変の引き金となる。

岩倉具視の対応

ここまでに何度か述べてきたが、岩倉具視は、立憲政体に関する意見書の提出を、大隈重信に催促している。三月一四日に岩倉が大隈に宛てた書簡には、大隈が意見書を提出していない状況に伊藤博文が懸念している、と記されている。三月二七日には、岩倉は、大隈に意見書提出の督促をしたことを、伊藤に伝えた。

岩倉の伊藤への配慮が、相当なものであったことがうかがえよう。三月三〇日、岩倉と伊藤が面会した際、伊藤は議会開設をめぐる現状に不満を示したようである。翌三一日、岩倉は大隈に書簡を送り、伊藤の不満を伝えるとともに、意見書の内容を伊藤に伝えていないのならば、事前に内談したいと伝えている。

すでに述べたように、大隈は三月一一日頃に意見書を有栖川宮熾仁親王に内密に提出している。いつ岩倉が大隈の意見書に接したのかは、残念ながら明らかではない。三月三一日の岩倉書簡の内容を踏まえれば、この時点で岩倉が大隈意見書の内容を把握していたとも考えられる。ただし、岩倉の大隈意見書の内容に対する反応は、これ以上みられない。

五月になると岩倉は、熱海会議で各参議の意見書を議論したかどうか、伊藤に尋ねた。五月二九日、伊藤は、意見書を議論し、大隈も各意見書の内容を確認したと回答している。

この書簡を踏まえれば、遅くとも、岩倉が五月までに大隈意見書に触れたことは間違いない。

五月、参議の大木喬任《たかとう》が立憲政体に関する意見書を提出した。三条実美・有栖川宮・岩倉の三大臣は、参議の意見書の提出をここで打ち切り、五月下旬に議会開設について協議した。この協議の場が、岩倉が大隈意見書に接した初めての機会であった可能性もある。

筆者は、岩倉は三月中に大隈が意見書を提出したことを有栖川宮から伝えられたものの、有栖川宮限りであることも知らされたため、その内容は知らされなかった、と考えている。それゆえ岩倉は、大隈が意見書を提出したことも、伊藤らに漏らさなかったのではないか。しかし、五月に大隈意見書の内容を知り、伊藤もそれを知っているか、探りを入れたのであろう。ただし、この点については、推測の域を出ない。

岩倉は、大隈意見書の内容を知ると、大隈に伊藤の考えと相違ないか確認した。すると大隈は、「大異ナシ」と答えたという（『岩倉具視関係文書』一〈東京大学出版会〉）。これが三月の話であったとすると、五月二九日に伊藤が岩倉に送った書簡で、岩倉が伊藤に大隈と参議の意見書に関する議論の有無を尋ねたことの理由が不明瞭になろう。

従来の研究では、大隈意見書の急進性に驚いた有栖川宮が、三条や岩倉に大隈意見書をみせた、とする見解が少なくなかった。筆者の推測のとおりであれば、有栖川宮は各参議の意見書が出揃うまで、大隈意見書の内容を伏せていたことになるが、果たして事実はどのようであったのだろうか。

いずれにせよ、岩倉が大隈意見書の内容を知り、大隈と伊藤の議会構想の差異に懸念を持ったことは間違いない。ただし、岩倉の反応を踏まえれば、それ以上の懸念、たとえば大隈の意見書があまりに急進的であり危機感を持った、という類のことは考えにくい。

なお、五月下旬の三大臣の協議により、三条・有栖川宮が憲法を、岩倉が開拓使廃止をそれぞれ担当することとなった。この時点で岩倉が、大隈の意見書が混乱を招くと考えれば、自ら憲法の担当となったであろう。しかし、それを三条・有栖川宮に託し、開拓使廃止の担当となったことは、岩倉が大隈意見書の内容に、それほどの反応を示さなかった傍証となろう。

しかし、その後の岩倉は、大隈意見書が危険である、との認識を強めていく。それには、井上毅の暗躍があった。

井上毅の参画

明治一三年一一月末、伊藤博文の立憲政体に関する意見書を書き上げた井上毅は、日本を発ち清の北京《ペキン》に向かった。清は、明治一二年に日本が沖縄県を設置したことを認めてこなかった。長らく琉球処分に関与していた井上が、抗議を続ける清との交渉に直接臨むこととなったのである。しかし井上は、これに苦慮し、思うような成果を挙げられず、明治一四年三月四日に帰国した。

三月二一日、井上が伊藤に宛てた書簡には次のように記されている。清との交渉では、「徒《いたずら》に日月を費し目的を達する能《あた》はず、概然之至《のいたり》に堪へず候」と、役割を果たせなかったことに反省の弁を述べた。その上で、「当分休養専一にいたし度《たく》、当然辞表差出候筈《はず》に決心いたし候」と、しばしの休養と辞職の意を表明している（『伊藤博文関係文書』一）。

この書簡が井上の本心なのか、パフォーマンスなのかは不明である。ただし、井上はそれからしばらく、目立った動きをしていない。

さて、先述のとおり五月下旬、三大臣が参議の意見書について会合した。その結果、各参議が口頭で奏上することとなった。これを受けて六月四日に山県有朋《ありとも》が、二二日に伊藤がそれぞれ奏上している。

岩倉具視は開拓使廃止の担当となったものの、伊藤と大隈重信の意見書の相違が気掛かりであった。こうした理由から、岩倉は伊藤の意見書を起草した井上に、大隈意見書をみせて意見を求めたのではなかろうか。

六月一四日、井上は次のような書簡を岩倉に送った。すなわち、ドイツはイギリスのように、議会に「立法之権而已《のみ》ナラス、行政之実権」を握らせるような議院内閣制を採用していない（『井上毅伝』史料篇四）。大隈の意見書は、イギリスの議院内閣制を日本が採り入れ、一躍世界の文明国に名乗りをあげようというものであるが、これは決して容易ではない。

井上は、この書簡に福沢諭吉の著作『民情一新』を添えた。すでに紹介したように、『民情一新』では、日本もイギリス流の議院内閣制を採用すべきである、という主張が展開されている。

かねてから西洋の政治制度や憲法を調査していた井上は、議会や政党の力が強い議院内閣制は日本の現状に適さないと考えていた。在野の自由民権グループの主張にしても、現実的なものだと思えなかった。選挙の結果により彼らが権力を握り、現在の明治政府を構成する面々が野に下ってしまえば、日本はどのようになってしまうのか。

井上にとって大隈意見書は、イギリス流の議院内閣制の危険性を再認識させただけでなく、清との交渉失敗という汚名返上の機会を提供するものでもあった。井上は、ドイツから来日した内閣および内務省法律顧問のヘルマン・ロエスレルから立憲君主制を採用するドイツの憲法を学び、複数回にわたり意見書を岩倉に送った。日本がイギリスではなくドイツを範とすべきこと、行政府の自律性を重視すべきこと、元老院や交詢社の憲法案を排除すべきことが、主張の中心であった。

井上の熱心な説得は功を奏した。薩長両グループが政府から一掃される、という可能性は、岩倉に相当の衝撃を与えたのであろう。岩倉は井上の「熱心憂慮」に対して共感を示した（『井上毅伝』史料篇五）。そして、三条実美と有栖川宮熾仁親王に、大隈の意見書が「可恐《おそるべき》廉《かど》も可有之《これあるべき》と存候」、すなわち恐るべきものであるとの認識を示し、憲法制定に向けては伊藤と相談して物事を決めていくべきであると、主張したのである（『伊藤博文伝』中）。

なお、岩倉は六月中旬に体調を崩し、療養のため摂津・有馬に赴いた。そうした状況にあっても、上記の思いを表明したということは、岩倉の危機感が相当なものであったことを表していよう。

以降、井上の暗躍は活発化する。井上が作成した憲法に関する意見書を確認しておこう。

井上毅の憲法意見

六月中、井上毅はいくつもの憲法意見書を岩倉具視に送っている。代表的なものを取り上げ、その内容を紹介しよう。

まず、「欽定憲法考」である。井上は、憲法には欽定憲法と国約憲法の二種類があるという。前者は君主の詔勅の体裁であり、後者は君主と人民の代表である代議士が合同で公布するものである。ただし井上は、欽定憲法であっても、代議士による議論を経るべきであると主張する。この点は、当時の日本にあって、井上特有の理解であった。

井上の具体的な考案は、「憲法意見（第一）」・「憲法意見（第二）」・「憲法意見（第三）」と呼ばれる意見書に盛り込まれている。

井上は「憲法意見（第二）」で、憲法の論点は、議会の権限の大きさにあることを説く。西洋諸国のなかで、議会に最大の権限を与えているのはイギリスであるという。選挙で最多の支持を得た政党が議会を掌握するだけでなく、内閣の構成員も輩出する。このような議院内閣制のもとでは、憲法に国王と議会が主権を分けると明記されていても、実態は議会が主権を握っている。

他方で、ドイツの立憲君主制はこれと異なる。議会は立法権を司るものの、行政権は国王が握る。国王は、国民の政党支持の具合を考慮しつつも、内閣の構成員の任命権を手放すことはない。

井上は、いまだ議会政治の歴史を持たず、政党も存在しない日本にあって、議院内閣制の採用は時期尚早であると主張する。まずは議会に立法権のみを与え、行政権は天皇の掌中に収めるべきであるという。

井上によれば、おそらく日本では、少数政党が乱立し、現今の政府打倒のために大同団結をする。しかし、彼らが行政権を握っても、「政務ノ何物タル、国事ノ緩急何様ナル」を理解できない（『井上毅伝』史料篇一）。そもそも、参議や省卿を担える人物が、在野にどれほどいるであろうか。在野には、議院内閣制の採用を主張する声もある。しかし、それはイギリスに心酔しているばかりであって、日本の実情を考慮していない。

「憲法意見（第二）」でも、ドイツを例に示しつつ、天皇による内閣の構成員の任命権、大臣の単独責任制、議会の予算議定権の制限という三点を憲法に明記することが、「永遠ニ国ノ公福ヲ保ツ為ニ必要ナル者」だと述べられている（『井上毅伝』史料篇一）。

「憲法意見（第三）」ではまず、元老院が作成した憲法案について、課税に関する権限を議会に付与した点に警鐘を鳴らす。井上は、あくまで行政府がこれを担うべきであるとする。さらに、交詢社の私擬憲法案へも、批判を加える。とりわけ、議会が内閣の責任を追及できる点が、日本に適さないと述べた。

このように井上は、イギリス流の議院内閣制を痛烈に批判し、ドイツ流の立憲君主制の採用を訴えたのである。

先に触れたように、大隈重信の意見書と交詢社の私擬憲法案の間には、異なる部分も多い。しかし、議院内閣制の採用という点で、両者は結びつく。井上は、その結合点に福沢諭吉の影をみたのである。それゆえ、岩倉に福沢の『民情一新』を送付した。以降の井上は、福沢への警戒を最大級に高めていくこととなる。

なお、井上は六月二二日、「憲法起草手続意見」を作成し、岩倉に提出している。ここでは、「一二之参議」が憲法制定の中心になってはならない、と述べている（『井上毅伝』史料篇一）。「一二之参議」がすなわち、大隈を指していることは、断言して差し支えなかろう。

伊藤博文と大隈意見書

さて、伊藤博文である。三大臣の判断により、各参議が立憲政体に関する意見を明治天皇に奏上することとなり、地方出張の予定があった山県有朋が先陣を務めた。六月二二日、続いて伊藤がその機会を得た。

伊藤は同日、岩倉具視に書簡を宛て、「昨年建言之大略ヨリ今日之時勢上ニ付愚見及奏上置候」と報告した（『岩倉具視関係史料』上）。伊藤とすれば、議会開設が思うように運ばないなかで、天皇への奏上を契機に政府を動かそうと考えたのかもしれない。

伊藤が大隈重信の意見書提出をいつ知ったのかは判然としないが、天皇への奏上が決まったことで、大隈が意見書をすでに提出したと理解したのであろう。六月二七日、三条実美に大隈意見書の回覧を頼み、その内容を知った。しかし、この時点の伊藤が特筆するような反応を示したという史料はない。

なお、伊藤は六月中に、井上毅から「憲法制定意見」という意見書を送られた。それは、イギリス流の議院内閣制がいかに日本に適さないかを説くものであった。岩倉の信頼を得た井上は、伊藤にも申し伝えるよう指示されていたのであろう。あるいは、イギリス流の議院内閣制を支持する大隈ではなく、伊藤に議会開設の主導権を握らせたい井上が、そのように話を運んだのかもしれない。

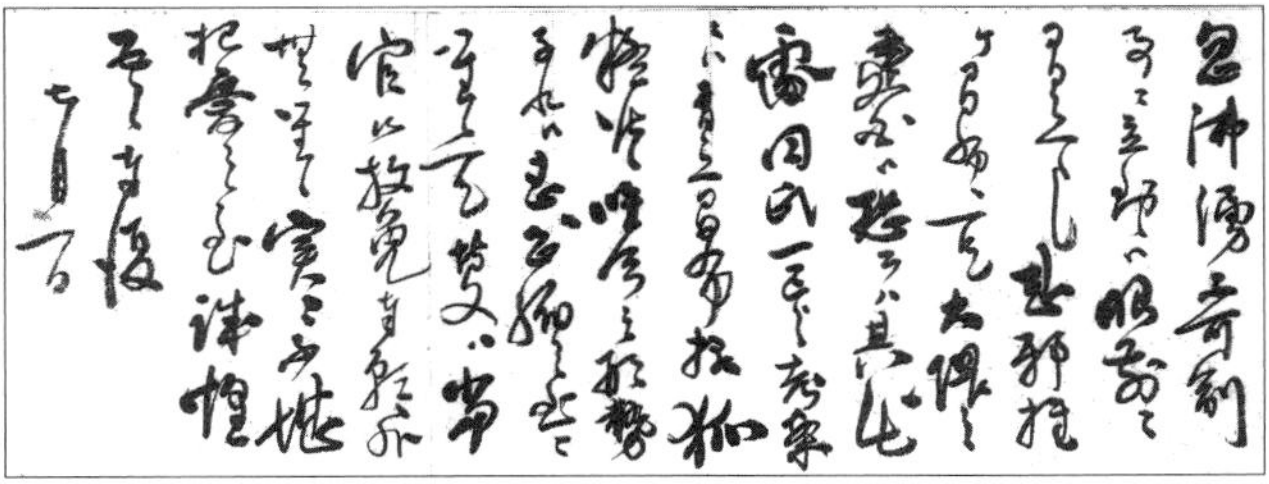

伊藤博文が三条実美に宛てた書簡。国立国会図書館蔵。

伊藤は、井上の意見書にも冷静な対応をみせる。伊藤自身、開設直後の議会に大臣の進退や課税に関する権限を与えようとは考えておらず、井上の意見と同様の点も多いと述べる。しかし政府内では、「遅速之事」、つまり議会開設の時期についてコンセンサスを得られておらず、改めて来訪してほしいと回答した（『井上毅伝』史料篇五）。議会開設に向けて、政府内の調整に汗をかいていた伊藤らしい返答であろう。

六月三〇日、井上は伊藤のもとを訪問し、憲法制定を主導してほしいと懇願したようである。また、大隈意見書の背後に福沢諭吉の存在がある、という自説を伝えたと考えられる。

翌日、伊藤が三条に宛てた書簡には、次のように記されている。大隈の意見書などについて、三大臣はどのように考えているのか。議会開設は困難なことであるが、方針を固める意思すら感じ取れないのは、いかがなものか。このままでは、怒れる人心を抑えきれなくなる。さらに、大隈の意見書は、「其《その》出処同氏一己の考案には有之間布《これあるまじく》様狐疑《こぎ》仕候《つかまつりそうろう》」、つまり大隈のみの考えから生まれたものではなかろう、との疑念を示す（『伊藤博文伝』中）。信頼関係が損なわれる状況が続けば、自らも職を辞さねばならない。

伊藤は、議会開設が遅々として進まない状況に苛立ちをみせた。大隈の意見書の背後に福沢が存在することを示唆し、辞任まで考えているとした。三条に対して、最大級の強硬さで自らの考えを伝えたのである。

岩倉の日記によれば、三条は以下のごとく伊藤の様子を語ったという。伊藤は、大隈の意見書を熟読し、大いに「驚愕《きょうがく》」した。これまで、さまざまなことを相談していた関係にあったにもかかわらず、大隈が意見書を「出シ抜ケ」に上奏したことは「不都合千万」であるという（『大隈重信関係文書』四〈東京大学出版会〉）。伊藤は、病を理由に辞職するかもしれない。三条は、予想だにしない伊藤の反応に大いに困惑したのである。

伊藤博文の「驚愕」

果たして、伊藤博文は何に「驚愕」したのであろうか。

七月二日、伊藤は岩倉具視にも書簡を送った。大隈重信の意見書を熟読したところ、「実に意外の急進論」であり、これにはついていけない（『伊藤博文伝』中）。辞職せざるを得ず、三条実美にも昨日この旨を伝えたところである。

この書簡によれば、大隈意見書の急進性に「驚愕」したことがわかる。これまでの研究では、大隈意見書が早期の議会開設を、しかもイギリス流の議院内閣制の導入を訴えたこと、伊藤に内密で提出されたことに、伊藤が「驚愕」したと説明するものが多い。その背景には、井上毅の働きかけがあったと解される。

しかし、筆者は若干異なった理解をしている。もちろん、イギリス流の議院内閣制の採用という具体的な議会像を事前相談なく訴えた点、議会開設の時期を明瞭に定めた点——しかもそれは明治一五年末の総選挙、明治一六年の議会開設という「急進論」である——に、伊藤が「驚愕」したことは間違いない。これらに加えて、岩倉や井上の大隈意見書への反応にも、「驚愕」したのではないか。

これまで述べてきたように、伊藤は議会開設に向けて、政府内の調整、とりわけ薩摩グループの懐柔に努めてきた。明治一四年初頭の熱海会議もそこに目的があったものの、大隈に端を発した財政論議が紛糾し、これを果たせなかった。政府内では、議会開設に向けた動きが、さながら牛歩のごとく遅かったのである。それにもかかわらず、大隈は早期の議会開設を謳う意見書を提出した。しかも、伊藤と相談するのではなく、在野の福沢の主張を受け入れたと思われる内容であった。

冷静に考えれば、あくまで一つの意見書であり、明治政府内の状況を踏まえるに、これが採用される可能性はほとんどない。しかし、議会開設の主導権を在野の勢力に渡さず、明治政府が握ろうと考える伊藤にとって、大隈の意見書は裏切り行為にもみえたであろう。

伊藤は、先に紹介した井上に宛てた書簡でも、「陛下及び三大臣諸公に於《お》いても、衆論百出の中に立、唯々《ただただ》御心配而已《のみ》にて確乎不抜《かっこふばつ》の御定算」のない状況を批判しており、政府主導の議会開設をいち早く進めたいと考えていたことが理解できる。三条に宛てた書簡にも、「陛下三大臣公各位の御定論」がどこにあるのかを問いただし、三大臣が議会開設を遅々として進めない状況への憤懣《ふんまん》を述べているのである。

これに関連して、伊藤が岩倉に大隈意見書への批判を伝えたのと同じ七月二日には、伊藤に関する注目すべき書簡がほかに二通ある。

一つは、岩倉が伊藤に宛てた書簡である。岩倉は、「政体根本」を議論していくにあたって、「十分之御用意無之《これなくて》而は狼狽《ろうばい》せさるを得す」と、準備の重要性を説く(『伊藤博文関係文書』三)。その上で、井上毅の意見書を同封し、読んでもらいたい、というのである。

もう一つは、井上が伊藤に宛てた書簡である。そこには、伊藤に憲法制定の実質的主導者になってもらいたい、と記されている。それが無理ならば、「退て密か一部の私擬憲法を草創し、御上奏有之度《これありたく》候」、つまり政府から去り、伊藤が一個人として憲法草案を作成して提出してほしい(『井上毅伝』史料篇四)。これらのいずれも実現しなければ、井上は官を辞して故郷の熊本に帰るという。また、書簡の末尾には、自らの憲法意見書を岩倉に渡したことにも触れている。憲法制定のために、状況によって伊藤の辞職を求めるその内容は、自らの上司に送った書簡であるにもかかわらず、きわめて高圧的なものであろう。他方で、自らの憲法意見書を伊藤の上司に当たる岩倉に送ったことも伝えている。伊藤からすれば、井上は自らの憲法意見書を採用させるために伊藤の辞職まで射程に入れた要求をしてきたことになる。

議会開設を進めるために悪戦苦闘してきた伊藤が、これらの書簡を読んだときの思いはどのようであったろうか。早期の議会開設を訴える大隈の意見書のみならば、自制してさしたる反応を示さなかった伊藤も、狼狽する岩倉や井上を目の当たりにし、これまで以上に苛立ちが募ったのではないか。

七月四日、伊藤は、議会開設や憲法制定という最重要課題に「書記官輩之関係不可然《しかるべからず》」と、井上を叱責《しっせき》した（『井上毅伝』史料篇四）。井上もこれは堪《こた》えたようで、岩倉に本件の仲介を辞したいと述べている。

伊藤からすれば、三大臣の政治運営に不満があっても、直接には伝えにくい。大隈意見書を材料に、自らの辞職をセットにすることで、彼らに議会開設への決意を固めさせようとしたのではないか。大隈意見書を批判することにより、その主導権が伊藤の掌中に収まることにもなる。

筆者は、伊藤の「驚愕」に、このような政治判断があったように考えるが、果たしていかがであろうか。

伊藤博文と大隈重信

伊藤博文の憤怒《ふんぬ》に対して、岩倉具視は慌てた。七月三日、直接伊藤に、自らも大隈重信の意見書に「不同意」であること、大隈にも別の考えがあるかもしれないこと、大隈に面会するので辞表の提出を待ってほしいことなどを伝えた（『大隈重信関係文書』四〈東京大学出版会〉）。

翌日、岩倉は直接大隈のもとを訪れ、伊藤が大隈意見書に「大ニ立腹」したことを伝えた（『大隈重信関係文書』四〈東京大学出版会〉）。大隈は、次のように岩倉に語ったという。意見書はあくまで内々のものであったが、伊藤が知ってしまったことはもう仕方ない。意見書の内容は、世情を考慮し、議会開設に向けて中途半端な対応ではまずいと考えた結果である。これに対して岩倉は、伊藤に面会し、真意を伝えるよう指示した。

大隈との面会後、岩倉は早速伊藤に書簡を送り、大隈に他意はなく、誤解を生じさせてしまった状況に「遺憾之様子」であったと伝えた（『伊藤博文関係文書』三）。

大隈も、すぐに伊藤を訪ねた。そのときの様子を、のちに伊藤はこう語っている。大隈はひたすら謝罪するばかりであった。伊藤は、「一言其議ニ及バズ」意見書を提出したことが「最モ不満ナリ」と伝えたという(『保古飛呂比』一〇)。

翌日も伊藤は大隈と面会し、内閣の構成員まで民選によるという大隈意見書の内容を批判し、自身は職を辞するのであとは大隈が担当すればいい、と述べた。さらに、参議という重職にありながら、「福沢如《ごと》キ者ノ代理ヲ勤ムル」、つまり大隈が福沢諭吉の議会開設論の代弁をしていることを批判したのである(『保古飛呂比』一〇)。大隈は、伊藤が政府にいなければ困ること、福沢と図ったというのは誤解であることを回答した。

以上は、明治一四年一〇月四日になって伊藤が元老院副議長の佐佐木高行に語ったことを、佐佐木が書き残したものである。伊藤・大隈のやりとりをそのまま受け取るべきかは、判断が分かれるところであろう。ただし、大隈が伊藤に議会開設の中心であってほしいと依頼したように、伊藤がその主導権を握ることとなる。

議会・憲法設計責任者としての伊藤

七月五日、岩倉具視は、議会開設は国家の「根軸」であるから、ぜひ伊藤博文に尽力してほしい、と伊藤に書簡を宛てた(『伊藤博文関係文書』三)。しかし伊藤は、「熟考仕候」と態度を鮮明にしなかった(「岩倉具視関係文書」)。

同日、岩倉は井上毅が作成した憲法制定に関する意見書を奏上するよう、三条実美と有栖川宮熾仁親王に託した。その意見書では、憲法制定の手続き方法の一つとして、「大臣参議三四人内密ニ勅旨ヲ奉シ憲法ヲ起草シ成案ノ上内閣ノ議ニ附セラル、事」をあげている（『岩倉公実記』下）。

先に紹介したように、岩倉は六月二二日の段階では、一部の参議が憲法制定を主導してはならないとする提案を井上から受けていた。その後の岩倉は、井上の考えにかなりの程度傾斜していたことがうかがえ、この提案にも賛同していたと考えられる。ところが、それからわずか二週間ばかりのうちに、一八〇度異なる方針を示したのである。

実は岩倉は、このとき体調を崩しており、翌六日から東京を離れた。そうした折に、岩倉は伊藤への配慮をみせつつ、伊藤が議会開設の中心になれるよう、三条・有栖川宮への根回しを行ったのである。これは、大隈の意見書を退け、伊藤を議会開設・憲法制定の中心に据えようとする意思の表明であるとみられる。

ただし、議会開設のためには、難渋な姿勢を示す黒田清隆ら薩摩グループとの協調が欠かせない。伊藤としては、薩摩グループの手前、岩倉の要請を即座に受けるわけにもいかない。伊藤は、以降も態度を明らかにしなかった。

東京を離れた岩倉に代わり、井上毅が伊藤の説得に当たった。七月一二日、井上は実直な思いを吐き出すような書簡を送った。その内容は次のとおりである。

昨年来、在野で盛り上がった議会開設要求は、憲法制定要求へと変貌した。それは、福沢諭吉が元凶である。福沢の交詢社が政党政治の実現を主張することで、全国の人びとを籠絡《ろうらく》している。このまま行けば、二、三年後には政府が作成した憲法案など、「輿論ノ唾棄《だき》スル所」、つまり見向きもされなくなってしまう(『井上毅伝』史料篇四)。イギリス流の憲法を制定するにしても、四、五年待ち、機が熟してからでも遅くない。ドイツ流の憲法を制定するのならば、いまを逃してはならない。

伊藤は即日、井上に次のような返信をした。井上の主張は心に留めておきたい。しかし、「遅速之事ニ至テ、徐《おもむろ》ニ諸公と熟議廟算を定メサルヲ不得事《えざること》ニ御座候」、つまり憲法制定の時期については、政府内でしっかりと詰めていかなければならない(『井上毅伝』史料篇五)。岩倉の不在もあり、急ぎ話をまとめることはできない。時間を要することはやむを得ない、という伊藤の判断である。

伊藤は、ここでも「遅速之事」を理由に、急《せ》いてはならない、と井上をたしなめたのである。

政変の予兆

とまれ、伊藤博文の大隈重信への怒りは、ひとまず収まったようである。三条実美は岩倉具視に、伊藤が大隈との会談を経て「平和ニ帰し」たと伝えている(『大隈重信関係文書』四)。

三条は後日、岩倉に次のようにも伝えた。今回の件では自分も有栖川宮熾仁親王も非常に「当惑」した（『岩倉具視関係史料』下）。伊藤も色々と考えを持っているようなので、七月末からの天皇の巡幸が終わってから決着させたい。井上毅の憲法に関する意見書もそのままにしている。

このように、三大臣のなかでは、憲法制定の中心を伊藤でいくことが実質的に決まっていた節がみられる。それを感じ取ったのであろうか。井上は、ドイツ流の憲法制定に向けて、伊藤への説得方法を思案した。

折しも井上は、七月二二日より京都で療養中の岩倉のもとを訪れる機会を得た。そこで、広島の宮島まで足を延ばし、同じく療養中であった井上馨に自らの憲法意見を開陳したのである。井上毅の申し出を受けて、七月二七日、井上馨は伊藤に次のような書簡を送った。まず、伊藤が考案していた元老院改革は機を失したとする。いま政府が憲法制定の方向性を示さねば、世論は伊藤が憲法制定を渋っていると判断しかねない。

したがって、ドイツ流の憲法を制定し、一、二年後の議会開設を謳う意見書を、伊藤が出すべきである。そうなれば、大隈や福沢諭吉のように、イギリス流の憲法の制定を主張するような者もいなくなるであろう。

先に紹介した福沢の書簡によれば、もともと井上馨はイギリス流の議院内閣制に否定的ではなかったはずである。井上毅の暗躍により、なぜ井上馨はかくも転向したのであろうか。

おそらくそれは、大隈が積極財政の復活を企図していたことも影響していよう。財政健全化を志向する井上馨にとって、大隈のそれは真っ向からの衝突を余儀なくされるものであった。大隈が議会開設を主導すれば、積極財政も維持されていくことは間違いない。そして井上毅は、これを巧妙に取り入れた主張を展開したのであろう。その証拠に、井上毅は、同じく財政健全化を考える松方正義にも会い、大隈を孤立させるための多数派工作に勤《いそ》しんだ。

井上毅は、大隈の意見書のみであれば、ここまで暗躍することはなかったに違いない。その裏に福沢の姿をみたゆえに、井上は躍起になった。井上は、近年の憲法制定を求める在野の風は、福沢が吹かせたものであると認識しており、福沢こそ現今の政府にとって最大の脅威であると考えていた。なお、当の福沢は、この時点で井上毅の存在を認知していない。

大久保没後、辛くも保たれていた明治政府内の権力バランスも、議会開設・憲法制定をめぐる不一致や井上毅の暗躍により、静かに、しかし確実に崩れつつあった。

奇しくも、七月二一日付の『郵便報知新聞』は、「権力ノ平均ヲ失ヒ終《つい》ニ之カ為ニ無数ノ政治論ヲ官海ニ揚蕩シタルカ如シ」と、明治政府内の権力バランスの崩壊を看破した。そして、「必スヤ一大変遷ヲ政治世界ニ発顕スルニ至ルハ甚タ遠キニアラサルヘシ」と、政変の予兆を報じたのである。

こうした状況下で、七月三〇日より、明治天皇は東北・北海道への巡幸のため東京を発った。これに随行した政府要人は、有栖川宮のほか、大隈・松方などであった。黒田清隆もまた、天皇を接遇するために北海道へ渡る。皮肉にも、明治一四年の政変により大きな影響を受ける彼らが不在のなかで、政変への胎動が生じるのである。

第四章　政変——明治一四年後半

一　開拓使官有物払下げ事件

開拓使の廃止というピース

前章で述べたように、議会開設を求める声が政府内外で高まり、近い将来の議会開設はもはや既定事項といって差し支えない状況となった。そのため、どのような議会を誰が主体となって設計すべきなのか、という点に関心が移り、議会開設のための憲法制定が求められることとなったのである。

伊藤博文《ひろぶみ》は、政府内の権力バランスに配慮しつつ、議会開設・憲法制定の主導権を握ろうとしていた。しかし、大隈重信《しげのぶ》が立憲政体に関する意見書でイギリス流議会の早期開設を訴え、岩倉具視《ともみ》や井上毅《こわし》はこれに対抗しドイツ流議会の早期開設を画策した。苛立《いらだ》ちをみせた伊藤は、こうした状況を逆に利用する。憤怒《ふんぬ》や辞意を表すことで、大隈・岩倉・井上から、議会開設・憲法制定の主導権を握ってほしいと懇願させたのである。

もっとも、伊藤はこれに即座にのらなかった。議会開設・憲法制定へとソフトランディングするためには、薩摩グループとの協調が必要だったからである。そこで、北海道の開拓使廃止に関して、薩摩グループに花を持たせることを考案する。これが円滑に進めば、おそらく明治一四年の政変は起こらなかった。

財政論から議会論へ、そして議会論から憲法論へと枠組みが定まっていった政治状況のなかに、政争としての開拓使廃止が一つのピースとして加わることで、明治一四年の政変は完成するのである。

本章ではまず、開拓使廃止から話をはじめていこう。

大隈重信と開拓使廃止

ここまでに紹介したように、明治三年（一八七〇）七月、開拓次官であった黒田清隆《きよたか》が、今後一〇年は北海道開拓に傾注すべきであるとの建議を行った。これが契機となり、明治五年から明治一四年までの一〇年間、一〇〇〇万円を費やして北海道を開拓するという、開拓使一〇年計画が組まれた。民間資本が未成熟な当時にあって、官営による事業の展開を企図したのである。

開拓使一〇年計画の終了が近づいた明治一三年五月、大隈重信は「経済政策ノ変更ニ就《つい》テ」を提出した。その主張の一つに、官営工場の払下げを盛り込んだのである。同年一一月には、工場払下概則が定められ、開拓使もその対象となった。大隈は、払下げにより財政整理を行うとともに、積極財政維持のための費用調達を図ったのである。

当初、黒田清隆は工場払下概則に反対していたものの、井上馨《かおる》の説得などにより渋々ながら同意した。その背景には、あくまで大隈が積極財政維持を考案していたことがあろう。

他方で大隈は、五代友厚《ともあつ》や前田正名《まさな》らとの連携も継続していた。大隈がインフレ抑制の原因として、輸入超過を考えていたことはすでに指摘した。明治一三年後半頃より、大隈は輸出強化のための貿易会社設立を五代らに勧めていた。五代らも大隈財政の支持者であり、支援者であったため、これに反対する理由はない。

かくして明治一四年五月、五代・前田が中心となり、関西における直輸出商会として関西貿易社が設立された。彼らは、北海道物産の中国輸出を営業の中心に据え、後述する北海社と連携するのである。

一方で大隈は、明治一四年七月に「公債ヲ新募シ及ヒ銀行ヲ設立セン事ヲ請フ議」を、伊藤と連名で提出した。外債論と積極財政の双方をセットにして要求する意見書であり、薩摩グループも賛成するとみられた。伊藤としては、議会開設・憲法制定の主導権を握るためには、薩摩グループを納得させる必要があると考えたのであろう。この意見書は、八月一日に可決された。

同じ時期、黒田が開拓使官有物の払下げに関して具体案を提示し、これが決定することとなる。開拓使廃止について、黒田を中心にみていこう。

黒田清隆と開拓使廃止

開拓使の経営は、かつて西郷隆盛《たかもり》も考えたものであった。また、官営事業の推進による殖産興業政策は、大久保利通《としみち》の考えと符合した。黒田清隆にとって、開拓使の事業を強化することが西郷・大久保から続く薩摩グループの悲願であり、それはまた富国強兵に結実すると信じていた。

しかし、明治一五年をもって開拓使一〇年計画が終了することは、動かしがたい事実であった。明治一四年五月下旬に計画どおりの開拓使廃止を決定した三大臣は、参議の寺島宗則《むねのり》を通じて黒田にそれを伝えた。黒田の様子は、「深く憤るが如《ごと》くなりしかども、遂《つい》に奉命するに至れり」という具合であった（『明治天皇紀』五）。

七月に入ると、開拓使大書記官の安田定則《やすださだのり》、開拓使書記官の鈴木大亮《すずきだいすけ》・折田平内《おりたへいない》・金井信之《のぶゆき》という薩摩グループの四人が、払下げに関する意見書を黒田に提出した。その内容は、炭鉱と鉄道を除く官業を一括で払い下げようというものであった。その払下げ先が、安田・折田が設立した北海社であった。安田らは職を辞して、北海社の経営に従事することを表明した。

つまるところこれは、開拓使の実質的存続を意味した。安田ら開拓使官吏が北海社を経営することにより、薩摩グループが開拓事業を引き続き担うことになるからである。七月二一日、黒田は安田らの意見を採用し、払下げを申請した。岩内《いわない》炭鉱と厚岸《あっけし》官林の二件を関西貿易社が、その他を北海社に払い下げるというもので、しかも三八万円の無利子三〇年賦という破格の条件であった。

これには、政府内でも反論があったようである。『明治天皇紀』には、「大隈重信之れを不可と為《な》す、左大臣熾仁《たるひと》親王亦《また》敢へテ賛せず」と記されている。おそらくこれは、『保古飛呂比』にある、土方久元《ひさもと》が佐佐木高行《たかゆき》に「大隈ト左大臣宮ハ不可ト唱ヘタ」と伝えた、との記述を典拠にしていると思われる。しかしこれは、払下げの決定から一カ月後の八月二八日になって、土方が聞きつけた話として紹介されたものである。そのため、『保古飛呂比』の記述のみで大隈が払下げ案に反対したことは断定できない（『保古飛呂比』一〇）。

もっとも、大隈は、払下げによる財政整理を考えていたことから、黒田の払下げ案に全面的に賛成であったとは考えにくい。ただし、黒田の手前、強硬に反対したわけではなかろう。真辺将之《まさゆき》氏が指摘するように、八月二日に伊藤が大隈に送った書簡に、開拓使が上申した会社が「御承知」のとおり設立される運びとなったとあり、大隈も払下げを了承していたことがうかがえる（『大隈重信関係文書』四〈東京大学出版会〉）。

いずれにせよ、黒田は進退をかけて自説を貫いた。その結果、七月三〇日、黒田は払下げについて、東北・北海道巡幸の出発の際に、千住《せんじゅ》の駐在所で明治天皇の勅許を得た。かくして、黒田の主張のとおり、開拓使官有物の払下げが決定したのである。

明治政府は八月一日、開拓使の廃止と官有物の払下げを発表した。先に触れたように、この日はまた、公債募集と新銀行設立という大隈の意見書が可決された日でもある。

ここで確認しておきたいことは、この時点で明治政府内の権力バランスは危ういながらも保たれていた、ということである。伊藤は議会開設・憲法制定を、大隈は積極財政を、黒田は官有物払下げを、それぞれが自身の思惑どおりに進められる見通しがついたのである。

しかし、そのバランスは脆《もろ》くも崩れ去る。やがてそれは、政変を呼ぶ。

諸新聞によるスクープ

七月二六日から二八日にかけて、『東京横浜毎日新聞』上に「関西貿易商会ノ近状」という社説が掲載された。

五代友厚らが立ち上げた「関西貿易商会」が、北海道の物産を一手に引き受ける約束を開拓使と交わしたのだという。「関西貿易商会」に開拓使の官吏も天下ること、さらに開拓長官の黒田清隆にもその可能性があることを指摘する。

問題は、価格である。地価を含め約一二～一三万円の東京の物産取扱所を三万円、約七～八万円の貸倉を七〇〇〇円で払い下げ、しかも無利息三〇年賦であるという。いわずもがな、これらは人びとの税金から建造された施設である。しかも、開拓使には一〇年にわたり、一三〇〇～一四〇〇〇万円の税金が使われてきた。『東京横浜毎日新聞』は、こうした背景を踏まえ、払下げではなく、「無代給与」であると、これを批判した（七月二七日付）。

また、七月二七日から八月一日にかけては、『郵便報知新聞』が「開拓使廃止ノ結局如何《いかん》」という社説を掲載した。『郵便報知新聞』は、開拓使には一〇年間に千数百万円の税金が使われたこと、開拓使の官有物も約三〇〇〇万円の価値があると指摘する。それを三〇万円、しかも一〇年以上の年賦で払い下げることが決まったという。

『東京横浜毎日新聞』が報じたように、『郵便報知新聞』も「関西貿易商会」が払下げ先であると報じる。その上で、「関西貿易商会」が「生民ノ膏血《こうけつ》ヲ以テ結成セル官物ヲ恵与ニ類スル方法ニテ領取シ無利足三〇ヶ年賦ナル法外ノ契約ヲ踏ミ人民ノ怨嗟《えんさ》」を受けることなど信じられないと、痛烈な皮肉を展開した（七月二九日付）。

そして、このような払下げが行われれば、商業の発展に必要な「競争ノ事ハ全ク消滅シテ」しまい、北海道の開拓事業は「専横ノ弊ニ帰セサルヲ得ズ」と、批判した（八月一日付）。

なお、関西貿易商会の正式名称は関西貿易社であり、官有物の大部分は北海社に払い下げられる。関西貿易社と北海社に合併案もあったとはいえ、一連の報道のすべてが事実ではない。

しかし、これらのスクープは、在野を、そして政界を揺るがせることとなる。

同時代を叙述した指原安三《さしはらやすぞう》の『明治政史』には、一連のスクープに始まる政府批判が次のように記されている。「維新以来日本全国の人民智となく愚となく挙《こぞ》つて政府の措置を非議せしこと未た此時より甚きはなし」(『明治政史』五)。維新以降、最も激しい政府批判であったという。
政変に向けて、事態は大きく動き出す。

誰がリークしたのか

一体、誰が開拓使官有物の払下げを新聞社にリークしたのであろうか。そもそも、当時の情報管理がどの程度徹底されたものであったのか、議論の余地はあるものの、ここでは二つの観点から考えてみよう。

一つの観点は、人的つながりである。すでに明治一四年一月の時点で、五代友厚らが開拓使の官有物の払下げを求めていたと思われる。五代が実質的にオーナーを務めていた『大阪新報』の主幹・加藤政之助《かとうまさのすけ》が、いち早くこの情報に接し、義憤に駆られたとの回想を残しているからである。加藤によれば、五代に払下げが不当であることを諫言《かんげん》したものの、五代には計画の中止を考える節がなかった。

福沢門下生の加藤は、同じく門下生で関西にいた箕浦勝人《かつんど》や本山彦一《もとやまひこいち》らにこれを相談し、職を賭して抗議する旨を述べたようである。これを受けて、箕浦らは福沢に書簡を送り、払下げの件を伝えた。

一月一七日、福沢は、返信を送り、現段階では真偽が不明であるため、加藤に書簡を送り、落ち着くよう諭《さと》したことを伝えた。同時に、『郵便報知新聞』の主幹である藤田茂吉《もきち》に、「何か承知之儀もあらハ、承《うけたまわり》度《たく》」と、真相の調査を依頼した（『福沢諭吉書簡集』三）。

以後、本件に関するやりとりはみられない。ただし、払下げをスクープした一社である『郵便報知新聞』の藤田が一月時点で、払下げの噂《うわさ》を耳にしていたことは看過できない。しかも、大隈系官僚の矢野文雄《ふみお》は、かつて『郵便報知新聞』の記者を務めていた。

もう一つの観点は、払下げをめぐる利害関係である。

当時、日本の主要航路は、ほぼ三菱の独占的状態であった。ただし、北海の航路に限れば、開拓使と三菱の船舶が並んでいた。三菱の副社長岩崎弥之助《いわさきやのすけ》は、開拓使の廃止を見据え、明治一三年一〇月に「事業拡張」のため、開拓使の所有船舶の払下げ・貸下げを依頼している（「東京文移録　明治一三年」）。三菱はまた、北海道既成航路の運賃を引き下げるとともに、開拓事業への協力も表明した。

三菱の表明に対しては、『郵便報知新聞』が明治一三年一二月一八・二三・二七の三日にわたり、これを称賛した。三菱の北海進出を後押ししたのである。

しかし、開拓使のなかでは、「同業者ヲ競リ倒シ独リ専《もっぱ》ラ其利ヲ壟断《ろうだん》スル趣向ニシテ、苟《いやしく》モ対立スルモノハ悉《ことごと》ク之レヲ除クノ主義」であると、三菱への悪印象が充満していたようである

(「東京文移録　明治一三年」)。そのため、開拓使は三菱の依頼を拒んだ。

つまり、北海社と関西貿易社への開拓使官有物の払下げは、三菱の利益と相反関係にあったのである。そして、三菱と福沢諭吉の関係は、非常に深いものであった。

以上二つの観点から、何がいえるのか。福沢門下生である大隈系官僚が『郵便報知新聞』にリークした、ということが導き出される。これは、おそらく正しい。ただし、残念ながら、第一報を報じた『東京横浜毎日新聞』へのリークについては、判然としない。社長の沼間守一《ぬまもりかず》がかつて元老院に在籍しており、そのときに設立した嚶鳴《おうめい》社にも、河津祐之《かわづすけゆき》や金子堅太郎《かねこけんたろう》などの元老院書記官クラスがいた。また、沼間らは農商務卿の河野敏鎌《とがま》とも強いつながりをもっていた。大隈系官僚、あるいは河野や元老院からのリークが考えられる。

さて、福沢門下生の大隈系官僚がリークしたことに関連し、大隈と福沢はこれに関わっていたのであろうか。少なくとも、大隈がリークを指示したことを示す史料はない。また、大隈には、リークするメリットもない。

他方で、福沢門下生の矢田績《やだせき》は、福沢の指示で函館や東北の各地へ行き、払下げ反対の演説を行ったという回想を残している。矢田によれば、「北海道払下に絶対反対」であった三菱が「福沢先生に御願ひして反対演説の為め」に派遣されたという(『福沢先生と自分』)。また、五代が経営から引いた『大阪新報』も、払下げ批判を盛り上げるとともに、後述するように、福沢門下生の波多野承五郎《はたのしょうごろう》や鎌田栄吉《かまたえいきち》らが大阪で払下げ批判の演説会を開催した。

福沢とすれば、懇意にする三菱の後押しをしたい気持ちはあったに違いない。また、これを機に議会開設を推進させたかったことであろう。

しかし、払下げに関する福沢の真意を探ることは、非常に難儀である。福沢は、払下げをめぐる報道が過熱していく状況をみて、「喧《かまびす》しき事」であり、「あまり正しき仕方ニも有之間布《これあるまじく》候《そうろう》」との書簡も残している（『福沢諭吉書簡集』三）。この書簡からは、福沢が過熱する払下げ批判の報道に自制を求める考えを持っていたことがわかる。三菱の支援や議会開設の推進に積極的であった福沢としても、過度な政府批判を良しとはしていなかった。

しかし周囲は、彼らの考えや状況を知る由もなく、さまざまに解釈していくのである。

スクープへのリアクション

七月二九日、黒田清隆は伊藤博文に次のような書簡を送った。払下げが覆らないように、三条実美《さねとみ》に加え、大隈重信にも念を押した。しかし黒田は、「実に可憎《にくむべき》の甚《はなはだし》きは陽には聊異情処ではなく却て賛成し、陰に奸計を以て打崩すへく企てと疾《とく》に判談ト占罷在《まかりあり》候」、つまり表向きは払下げに賛成しても、裏でこれを覆すよう工作する動きがあることを疑った（以下、引用は『伊藤博文関係文書』四）。その根拠として、『東京横浜毎日新聞』および『郵便報知新聞』による払下げ批判をあげたのである。

スクープの直後、黒田は大隈が新聞社にリークしたのではないか、との疑いを持ったことがうかがえる。なお、この書簡の末尾には、「御覧之上は火中に御投可被下候也《くださるべく》」、つまり読み終えたのちに燃やしてほしいとある。これは、黒田がその偽らざる胸中を、内々に伊藤へ伝えたことを示していよう。

七月三〇日、三条は、京都で療養中の岩倉具視に、開拓使廃止と払下げの決定経緯を書き送った。そこには、「新聞等にも種々論説有之」と、先の報道を受けて議論が生じたことが伝えられている（『岩倉公実記』下）。黒田が進退をかけていたため、伊藤らもこれに配慮したようである。しかし三条は、今後も政府内外で物議を醸すのではないか、との懸念を示した。

三条の懸念は、杞憂《きゆう》には終わらなかった。黒田が抱いた大隈への疑念は、その後の新聞報道と相まって、政府内に伝播《でんぱ》していくのである。

報道の過熱

スクープした二社に、他の新聞社も続いた。たとえば『朝野《ちょうや》新聞』は、「関西貿易商会」が上手《うま》く政府に取り入って払下げを実現させたという『東京横浜毎日新聞』の報道を、主客転倒であると批判する。『朝野新聞』によれば、「開拓使中四五名ノ官吏ハ今回北海道政略上ノ変革アランコトヲ察シ自カラ其官職ヲ辞シテ」、「最モ利益アル者ヲ払ヒ下ゲ以テ北海道ノ商権ヲ掌握」しようとした、つまり政府内に北海道開拓の利権を得たいと考えた者が「関西貿易商会」への払下げを主導したのだという（八月五日付）。実名こそ伏せたものの、批判の矛先を黒田清隆に向けたことは間違いない。

開拓使官有物払下げをめぐる報道はさらに、日本の政治体制のあり方も射程に入れた議論へと展開していく。

『郵便報知新聞』は、払下げへの批判を念頭に置いた上で、人びとの権利や自由を守るためには、「憲法モ民約タル可ラス国会モ民約タル可ラスト云ハサルヲ得ス」と報じる（八月二日付）。また、「公財ヲ以テ私人ヲ利スル」ことがあってはならず、いまこそ「万機ヲ公論」に決せねばならないとする（八月六日付）。その上で、薩摩出身の黒田が、開拓使の官有物を薩摩出身者に破格の安値で払い下げたことを批判するのである。

さらに同紙は、国権の回復と財政の健全化のために、「国会ノ設立ヲ希望シ政権ノ帰スル所ヲ一ニセント欲スル」と、議会開設が唯一の処方箋《しょほうせん》であると主張した（八月一九日付）。『朝野新聞』も、議会も憲法もない状況では、政府が私欲を満たそうとしても、人びとには抗《あらが》う術《すべ》がないとする。「此等ノ弊害ヲ杜絶《とぜつ》スルノ道ハ止《た》ダ国会ヲ設ケ人民ヲシテ財政ニ関与セシムルニ在ルノミ」だと、議会開設を訴えた（八月九日付）。

明治政府に親和的だった『東京日日新聞』も払下げに関する政府の対応を批判した。官有物の払下げ先として、「公ニ願人」ではなく「関西貿易商会」としたこと、それも破格の条件であったことの理由を問いただす（八月一〇日付）。そもそも、「大臣数人ノ議決ヲ以テ国是」としている状況が問題であり、「国憲ヲ制定シ早ク国会ヲ開設」し、立憲政体を確立することが求められると主張した（八月一一日付）。

このように、払下げ批判は薩長藩閥批判となり、議会開設・憲法制定要求へと展開したのである。

演説会へ

開拓使官有物の払下げにはじまる、藩閥政府への批判は、新聞にとどまらなかった。全国各地で、政府批判の演説会が開催されたのである。その様子は、「西ニ起リ東ニ起リ其勢将《まさ》ニ天下ニ充満セントス」と報じられたほどであった（『東京横浜毎日新聞』八月二七日付）。

八月二五日には、『東京日日新聞』の社長の福地源一郎《げんいちろう》らが東京新富座で大演説会を開いた。会場には、あふれんばかりの聴衆が集まったという。その様子は、「聴衆数千人従来優柔ニ慣レタル上国ノ人民モ今回開拓使ノ処分ニ就テハ烈火ノ如ク憤ホリ」と報じられている（『東京横浜毎日新聞』八月二七日付）。

福沢門下生も相次いで払下げ批判の演説会を開催した。大阪での藤田茂吉や鹿島秀麿《かしまひでまろ》、波多野承五郎、鎌田栄吉、愛知での須田辰次郎《すだたつじろう》などが、その例である。福沢門下生の矢田績が北海道から東北にかけて、払下げ反対と議会開設の演説行脚《あんぎゃ》に出たことはすでに触れたとおりである。

在野の怒りは、「明治政府運命ノ消長ニモ関スル一大事」とも認識された（『東京横浜毎日新聞』八月二七日付）。三条実美は、払下げが「意想外之物議」を招き「痛心」であること、伊藤博文らも払下げ中止を検討していることなどを岩倉具視に伝えている（『岩倉公実記』下）。このことからも、払下げ批判の報道が、明治政府を揺るがすほどのものであったことがうかがえよう。

大隈への期待

払下げ批判から薩長藩閥批判への展開は、思わぬ副産物を生み出した。

八月六日、小野義真《おのぎしん》が大隈重信に宛てた書簡には、このように記されている。官有物の払下げについては、政府内にも議論があったが、「長官強迫之形勢に而《て》、例之腕力論」、つまり黒田が押し切って勅許を得た。しかし、本件は「世上之公論」が盛り上がっており、「大事件」になると見込まれる。ついては、大隈の「御深慮」を期待したい（『大隈重信関係文書』三〈みすず書房〉）。なお、この書簡には、払下げを批判する新聞も同封されていた。

小野は、払下げ事件に対して、政府内で慎重に動いてほしいと大隈に伝えている。他方で、そこには大隈に政府内での存在感を一層高めてほしいという期待もあった。

大隈と同じく、肥前出身の中島盛有《なかじまもりあり》が大隈に宛てた書簡を紹介しよう。中島は、払下げ事件を契機に、在野のみならず、政府内でも議会開設を考える者が多くなったと指摘する。他方で、大隈が払下げに反対したとの報道があり、「世間ノ美談」になっているという（『大隈重信関係文書』四〈東京大学出版会〉）。

このままでは国内の混乱が予測されるため、同じく肥前出身の石丸安世《いしまるやすよ》・石橋重朝《いしばししげとも》らと、事態の打開策を議論し、開拓使廃止を三年間見合わせることを考案した。これは、佐野常民《つねたみ》の提案であり、伊藤博文も同意しているようである。その上で、現在の明治政府は薩長藩閥の力が過大である、と批判する。そして大隈に、同郷の大木喬任《たかとう》らとともに政府の現状を打破してほしいと懇願するのである。

なお、中島の記すとおり、開拓使廃止の見合わせという案は、「寧《むし》ろ一二年を待ちて実着完全の措置を施すの得策たる」と、佐野からも大隈に提案されている（『大隈重信関係文書』六）。したがって、肥前出身の面々にはある程度のコンセンサスを得られたものであったと考えられる。

佐野はまた、「此節は佐賀も好機を得可申《もうすべき》と相楽《あいたのしみ》申候」という書簡も送った（『大隈重信関係文書』六)。払下げ批判に乗じて、肥前出身者の影響力を増大させようという主張である。

大隈系官僚も同様に、自らの影響力拡大を企図する動きをみせた。八月二〇日、小野梓《あずさ》は高《たか》田早苗《たさなえ》らと政党組織の結成について議論した。小野は、払下げ中止の建議書提出も考案している。

このように、薩長藩閥を好ましく思っていなかった肥前出身者や大隈系官僚らによる閥族打破への期待が、大隈に向けられたのである。

もっとも、当の大隈に、こうした動きに呼応する考えがあったのかはわからない。大隈が八月二七日に五代友厚から受け取った書簡には、「東京は不相替《あいかわらず》関西貿易社攻撃を受候趣き殆《たえがた》難堪おもひに御座候」と、一連の払下げ批判の報道を嘆きつつ、官有物への言及もあった(以下、引用は『大隈重信関係文書』五〈みすず書房〉)。それは、関西貿易社が払下げを受ける予定の「岩内炭坑も今暫《しばら》く試堀不致《いたさず》候而《ては》者将来之目的を期しかたく」と、思うようにいかない状況を説明しながら、「御教示之如く魚油製機械は尤《もっとも》的宜之事」であると、大隈からのアドバイスに謝意を表している。

この書簡を真っ直ぐに受ければ、この時点で大隈と五代の関係が悪化したようには考えにくい。ただし、開拓使廃止の見合わせという噂を聞いた五代が、大隈に払下げ実行の念押しをする意味で、この書簡を送った可能性はある。

いずれにせよ、この時期の大隈の真意を図れるような史料はほとんど残されていない。実際、大隈は明治天皇の巡幸に随行するため、七月末より東京を離れていた。しかし、この「沈黙」が、大隈に予想だにしない展開をもたらすのである。

伊藤博文の動向

話を、明治一四年七月末の段階に戻そう。大隈重信が公債募集と新銀行設立を、黒田清隆が開拓使官有物の払下げを決め、両者が得を手にするなかで、伊藤博文は議会開設・憲法制定の主導権の掌握を着実に進めていた。大隈の意見書に共同提出者として名を連ねるとともに、黒田の払下げ案に賛同することで、両者に花を持たせ、伊藤が議会開設・憲法制定の主導権を握ることが、政府内の権力バランス上も自然な流れとなったのである。

薩摩出身ながら、政治スタンスが伊藤に近かった松方正義《まさよし》が、政府内の根回しをした。松方は、東京を離れていた井上毅に書簡を送っている。憲法制定を伊藤中心に進めていくことに黒田や西郷従道《つぐみち》も「快く同意相成」り、これを三条実美に伝えた（『井上毅伝』史料篇五）。近く、伊藤に憲法調査の沙汰が下るだろう。

八月六日に伊藤が井上馨に宛てた書簡には、次のように記されている（以下、引用は「井上馨関係文書」）。まず、黒田がいう「三十年云々ハ少々過度之考ニ可有之《これあるべし》」とある。黒田が議会開設の時期として、明治三〇年あるいは三〇年後を提示したのであろうか。ただし、「語勢之如《かくの》斯《ごとき》ニ至りしものと深窮不仕《つかまつらず》差返遣《つかわし》中候」、つまり黒田も勢いで発言したのであろうと続いている。ここから、少なくとも伊藤が議会開設・憲法制定を黒田と話し合ったことがわかる。

同書簡にはまた、「彼《か》ノ建白云々ハ他人へ御洩之儀ハ万無之《これなき》事ヲ信申候へ共何卒《なにとぞ》深ク御注意奉願上《ねがいあげたてまつり》候」とある。「彼ノ建白」とは、大隈の立憲政体に関する意見書を指すと考えられる。伊藤は、井上馨に大隈意見書の件を漏らさないよう依頼しているのである。書簡は、伊藤が大隈意見書を妨げたことはほとんど知られていないが、万が一のときは自分が「皇室之城壁」になると続く。

これは、どう理解すべきか。おそらく伊藤は、払下げ批判の報道を目にし、大隈意見書の内容がリークされることを恐れた。なぜならば、大隈意見書の内容が在野の議会開設・憲法制定要求に符合するものだったからである。それが世間の知るところになれば、伊藤が憲法制定の主導権を握るということは、画餅《がべい》に帰してしまう。伊藤はこのように考え、井上馨に上記の書簡を送ったのではなかろうか。

事実、払下げ批判と相まって、自由民権グループはこぞって憲法草案を発表した。伊藤としては、彼らに憲法制定の主導権を奪われないことが重要である。そしてそのためには、政府の結束が不可欠であった。

大隈陰謀論

政府内では、大隈重信が薩長藩閥を打倒するために払下げのリークを主導したのではないか、との疑念が生まれていった。スクープ直後、黒田清隆が同様の疑念を抱いたことは先に紹介した。この疑念は、徐々にその色彩を濃くするとともに、政府内に伝播していく。

八月一六・一八日には、京都で療養中の岩倉具視が、太政官《だじょうかん》御用掛の青木貞三《あおきていぞう》から東京の情勢が不穏であるとして、至急の帰京を求められた。しかし岩倉は、「病気快方無之《これなく》」として、青木の要請を断っている（「岩倉具視関係文書」）。

特に大隈への警戒を強めた人物は、黒田であった。八月二一日には、立憲政体に関する意見書を提出後の大隈が三菱を後ろ盾とし、福沢諭吉を「顧問」にして、板垣退助《たいすけ》や後藤象二郎《しょうじろう》などの「民権不平家」と通じ、「奸策《かんさく》」を企てていると、寺島宗則に書簡を送った（『寺島宗則関係資料集』下）。

つまり、三菱という資金面での後ろ盾、福沢という理論面での後ろ盾を得た大隈が、自由民権グループと連携して薩長藩閥を打倒し、イギリス流議会を開設することで政府の実権を握ろうとしている、という陰謀論が流布していったのである。大隈の立憲政体に関する意見書の内容からすれば、この陰謀論は説得力を持った。

また、警視副総監の綿貫吉直《わたぬきよしなお》が自由民権グループに放った密偵の報告書も興味深い。それによれば、自由民権グループは、大隈が黒田の払下げ要求に反対したこと、払下げ批判が「藩閥ヲ斃《たお》スに好機会」であること、福沢が門下生を使って払下げ批判の記事を盛んに新聞で報じさせていること、を認識していた（『寺島宗則関係資料集』上）。ここで重要なのは、それが事実であったか否かではなく、こうした報告が政府中枢に送られていたことである。これらは、大隈陰謀論の信憑《しんぴょう》性を高める意味を持った。

なお、これまでの研究のなかには、黒田が大隈陰謀論を流布させた、と考えるものもある。黒田が大隈への警戒を強めていったことは、間違いない。ただし、黒田が明治天皇の巡幸に対応するため、八月上旬から九月上旬まで北海道に渡っていたことを考えれば、どの程度陰謀論を広められたのかは疑問が残る。

大隈陰謀論が流布した裏には、伊藤博文の動向も影響したのではなかろうか。

大隈・黒田の不在のなかで——大隈包囲網の形成

伊藤博文は、政府内の権力バランスに配慮しながら、自らが議会開設・憲法制定の主導権を握りつつあった。しかし、その筋書きを練り直さねばならない事態が生じた。それは、払下げ批判の報道が、議会開設・憲法制定要求に結びついていったからである。さらに、黒田清隆＝薩摩への批判が続々と報じられる状況は、政府内の権力バランスを崩しかねない。

伊藤も、大隈陰謀論を漏らしている。伊藤は佐佐木高行に、大隈重信が明治政府を見捨て自由民権グループと結託し、三菱や福沢諭吉と何か企てていると語った。これに対し佐佐木は、払下げには批判的であるものの、「大隈ノ狡黠《こうかつ》、今ニ初メヌ事ナリ」として、大隈への疑念に首肯しているのである（『保古飛呂比』一〇）。

この点から、大隈陰謀論の広まりに、伊藤の影響があったことは間違いない。それでは、伊藤の意図は、どこにあったのか。

政府内の権力バランスを重視する伊藤にとって、最優先は薩長両グループの協調である。薩摩グループの領袖《りょうしゅう》である黒田と大隈の関係が修復不可能となれば、伊藤は黒田との連携を優先するであろう。議会開設・憲法制定という近代日本最大の国家的事業は、薩長の協調なくして実現し得ない。

まして大隈は、議会や憲法に関する具体的構想を盛り込んだ意見書を提出しており、在野の勢力からの支持を獲得すれば、伊藤がつかみかけている主導権を脅かしかねない。具体的な議会像を描けていなかった黒田と比べれば、どちらが御《ぎょ》し易いかは火を見るよりも明らかであろう。

事実、伊藤は黒田に、現在の政府の置かれた状況は西郷隆盛らが下野した明治六年政変時よりも危険性が高いとして、北海道からの速やかな帰京を求めている。薩長の連携強化を図ったのである。

伊藤と利害が一致する長州グループの井上馨や山県有朋《ありとも》、伊藤に近い薩摩グループの西郷従道や松方正義、官僚の井上毅らも、それぞれに動いたようである。たとえば松方は、「財政議」を提出し、大隈が掲げる積極財政を批判するとともに、紙幣消却を進めるなどの緊縮路線の採用を主張した。三条実美や岩倉具視の目にも、彼らが政府の危機に「奮発」している姿が映った（『岩倉公実記』下）。

三条が岩倉に宛てた九月六日の書簡によれば、「福沢党之気脈」を通じた大隈の陰謀に「憤激」した伊藤らが、大隈との対決を決意したという。かくして、大隈不在の明治政府にあって、薩長両グループの連携は強化され、同時に大隈包囲網が形成されたのである。

九月八日、内閣では黒田の払下げ案に有栖川宮熾仁親王と大隈のみが反対したこと、それにもかかわらず黒田が払下げ案に固執して押しとおしたことが報じられた。しかも福沢門下生の藤田茂吉が主幹を務める『郵便報知新聞』の報道である。

大隈包囲網と薩長の連携は、一層確かなものとなったのである。

二　政府内の分裂、そして政変へ

中正党の結成

前節で折に触れて登場した佐佐木高行の動向をみていこう。宮中グループとして天皇親政運動に従事してきた佐佐木は、侍補《じほ》廃止後の明治一三年（一八八〇）三月に元老院副議長に就任し、活動の重心を元老院に移していた。払下げの実態を知った佐佐木が、薩摩グループへの反発を強めたことはすでに紹介したとおりである。

もとより、佐佐木が所属する元老院では、憲法案が廃止され、権限拡張の要求もとおらず、薩長藩閥への不満が高まっていた。他方で、自由民権グループとも政治的志向を異にしていた。自由民権グループがルソーを掲げることに対し、元老院グループは「保守思想の父」として知られるエドマンド・バークを日本に紹介している。

元老院グループは、「薩長トカノ情実ヲ看破シテ、公論ニ基ク」政治を行うため、元老院の権限強化を訴えた（『保古飛呂比』一〇）。さらに明治一四年九月九日、佐佐木が、払下げ批判が燃え上がる現状が続けば革命後の混乱したフランスのようになってしまうとして、払下げ中止を訴える建白書を三条実美に提出した。

政府内の他のグループも、こうした動きに連動していく。

一つは、谷干城《たにたてき》・鳥尾小弥太《とりおこやた》・三浦梧楼《みうらごろう》・曽我祐準《そがすけのり》ら武官グループである。彼らは、参議が権力を独占する状況を批判し、「速《すみやか》に元老院に立法の大権を委」ねるべきであるとする建白書を提出した（『谷干城遺稿』）。

いま一つは、金子堅太郎・岩崎小二郎《こじろう》・三好退蔵《みよしたいぞう》・島田三郎《しまださぶろう》・田中耕造《たなかこうぞう》ら少壮官僚グループである。九月二四日、金子は佐佐木を訪れ、払下げを批判するとともに、大隈系官僚の石橋重朝・中島盛有らが勢力を拡大していることへの警戒を示した。

かくして九月二八日、彼らは中正《ちゅうせい》党を結成した。一方で薩長藩閥を批判し、他方で自由民権グループに接近する大隈重信にも警鐘を鳴らす、「中正」の立場をとったのである。

中正党は、薩長藩閥と大隈への批判を強め、各々で大臣に言上した。たとえば谷は、元老院の権限を強化することで、「充分行政官ヲ抑制スル制度」を構築すべきであるとして、薩長藩閥への対抗を訴えた（『保古飛呂比』一〇）。

井上毅は、このような中正党の動向を注視しつつ、岩崎小二郎が巡幸中の明治天皇に建白を上奏することを考えているようだと、伊藤博文に書簡を送っている。とりわけ、「左府公御手元辺」、つまり有栖川宮熾仁親王の周辺に注意が必要であると述べた（『井上毅伝』史料篇四）。

中正党の動向は、大隈追放という政変の帰結を後押しすることとなる。

伊藤博文の政府改革論

明治一三年一二月に伊藤博文が提出した立憲政体に関する意見書では、将来の上院となる元老院を華士族から構成することが謳《うた》われていた。伊藤は、従来の華族に士族を含み、公・侯・伯・子・男からなる五つの爵位制度の新設を考えたのである。明治一四年五月、伊藤と岩倉具視は、華族のあり方について「大議論」を繰り広げた（『井上毅伝』史料篇五）。

大隈意見書の対応や払下げ事件もあって、この議論はしばらく棚上げとなっていた。伊藤は、議会開設に向けて保守派の多い華族の牽制《けんせい》と、薩長藩閥批判を展開する中正党の懐柔を考えたのであろうか。九月に入ると、華族制度改革が再び俎上《そじょう》に載ったのである。

ただし、伊藤に寄せられた声は、改革反対が多数であった。その急先鋒が井上毅である。井上は、華族に漏れた士族から「不平を買ふ」こと、「公侯伯子男の名称」が日本で浸透していないことなどを理由に、これに反対した（『伊藤博文関係文書』一）。これに対して伊藤は、「皇室築城砦」とするためにも、華族制度改革が必要であると説いた（『井上毅伝』史料篇六）。

井上の背後には、岩倉がいた。伊藤は、井上を通じて岩倉の翻意を促したのである。他方の井上は、憲法制定の主導権を伊藤に与えるためには、岩倉の賛同が欠かせないため、岩倉が反対する華族制度改革を伊藤に思いとどまらせようと考えたのであろう。

以降、華族制度改革の議論も水面下で進められていく。

伊藤としては、元老院そのものの権限強化も、前年の意見書で盛り込んでいる。明治一四年九月には、伊藤博文―井上毅―大森鐘一《おおもりしょういち》というラインで元老院編制案が作成された。

元老院の構成員を、皇族（「満二十五年ノ親王」）、特選議員（「華族勅任官若《も》クハ国家ニ勲功アル者」）、公選議員（「全国ノ士族之ヲ同族中ニ就テ公選」）とするもので、将来の上院としての元老院を射程に入れたものであった（「大森鐘一関係文書」）。この点で、元老院の権限強化を訴える中正党の主張と符合する。

伊藤は、元老院の権限強化という従来の主張を強めることにより、中正党の取り込みも目論《もくろ》んだのである。

大隈罷免へ

在野では、薩長藩閥批判が燃え上がり、大隈重信を英雄視する風潮が続いている。さらに、政府内でも、中正党に連なる諸グループが、薩長藩閥と大隈の双方への批判を展開した。ことここにいたり、薩長の両グループは、大隈を政府から追放することで一致する。

九月一八日、長州グループの参議山田顕義《あきよし》が京都の岩倉具視のもとを訪れ、こう伝えた。大隈は福沢諭吉と連携し、早期の議会開設を実現させるとともに、新聞社に情報をリークして薩長藩閥の打倒を考えている。明治天皇の巡幸後、大隈の意見書が採用されるのであろうか。採用されれば、自分たちは辞職するほかない。かくなる上は、「大隈ヲ退ケ」、本日持参した議会開設を宣言する勅諭案を下すべきである（『大隈重信関係文書』四〈東京大学出版会〉）。

これに驚いた岩倉は、伊藤博文の大隈への疑念も氷解したはずだという理由で、大隈の件は「即答難申《もうしがたし》」と返答した(『大隈重信関係文書』四〈東京大学出版会〉)。東京を離れている岩倉は、大隈を排斥しようという政府内の熱を感じ取ることができていない。しかし、松方正義が「今般は断然と大姦物《だいかんぶつ》の暴状を明挙して可退《しりぞくべき》事緊要と第一着に被存候《ぞんぜられそうろう》」と、痛烈な表現で大隈追放を支持しているように、大隈への怒りは、もはや抑制しがたい水準に達していたのである(『伊藤博文関係文書』七)。

そのために伊藤は、大隈罷免後の政体改革に向けて動き出していた。九月一四日に伊藤が示した考えは、次のようなものであった。

まず、議会開設の宣言直後に参議を廃止し、内閣制度を創設する。これはつまり、責任大臣制を採り、各省卿が内閣の構成員を務めるということである。また、内閣のもとに参事院を設け、行政事務を担う。元老院と参事院の議長には、いまの参議から一名ずつを充てる。人員削減を求める声もあるが、いまはそのときではない。よって内閣は、太政大臣・左右大臣・各省卿・元老院議長・参事院議長により構成される。ただし、参謀部長を内閣に含めるかを迷っている。このような内閣は、西洋諸国に類をみず、「一時ハ人ノ笑柄《しょうへい》ト相成」るかもしれないが、やむを得ないだろう(『井上毅伝』史料篇六)。

伊藤は、前年に中途半端な形で妥協せざるを得なかった参議省卿分離改革を、ここで推し進めようと考えたのである。そのためにも、大隈追放を掲げることで、薩長の連携を維持することが重要であった。

伊藤の命を受けて、井上毅が政体改革の具体案や勅諭案を練り上げたとみられる。九月二三日になり、素案が完成した。井上は、政府が一度決めた払下げを覆すことは本来望ましくないという。しかし、払下げが政治争点になることは「得策に非《あら》す」、政体改革では「徹頭徹尾一歩を譲らざらんとす」ることが重要であると伊藤に進言し、改革案を黒田清隆や西郷従道に回覧させるよう依頼したのである（『伊藤博文関係文書』一）。

おそらく伊藤も、この時点で払下げの中止は避けられないと判断したのであろう。翌日、井上に返書を送り、井上の素案に異論がないこと、払下げの件も「貴諭之通手順」、つまり井上の筋書きどおりに進んでいることを伝えた（『井上毅伝』史料篇五）。

大隈の追放、議会開設の勅諭、払下げの中止という、明治一四年の政変の直接的帰結がここに出揃ったのである。

大隈をとりまく状況

大隈重信の政府追放が段取られる間、大隈がこうした動きを認識していたことを示す史料は残されていない。そればかりか、大隈自身が何を考えて行動していたのかも不明である。しかし、皮肉にも大隈の周囲は、彼の「沈黙」を思うままに解釈していく。

自由民権グループの領袖である板垣退助は、払下げ批判が燃え上がる九月中旬、高知から東京に入った。政党を組織し、薩長藩閥の打倒を成し遂げようと考えたのである。

大隈系官僚の尾崎行雄《おざきゆきお》が、板垣と大隈の連携を模索した。尾崎は、政党の組織化の前に、払下げ批判に傾注して内閣改造を優先すべきであると説いた。「大隈の功名を成さしめん」と考えたためである（『自由党史』中）。しかし板垣は、政治体制が改まらなければ根本的な解決にはならないとして、尾崎と割れた。

尾崎はなおも、「内外相応じて政府を攻撃せば、之を覆へすの易きこと」であると、板垣を説得するものの、両者が交わることはなかった（『自由党史』中）。明治一四年の政変後、それぞれ自由党・立憲改進党という政党を組織することとなる。

大隈が、こうした動きをどの程度認知していたかは不明である。とはいえ、大隈陰謀論が渦巻く政府内では、大隈への批判がさらに増すこととなる。大隈が板垣らと「結合ノ策ヲ立テタル」との情報が回った（『保古飛呂比』一〇）。さらに、「太政大臣ハ大隈、右大臣ハ大木、外務卿ハ福沢」といった、新たな人事案まで巷間《こうかん》で囁《ささや》かれる次第であった（『保古飛呂比』一〇）。

もっとも、大隈の周囲にも冷静な見方をする人物がいた。東京株式取引所の頭取で、大隈と親しかった小松彰《こまつあきら》は、払下げをめぐって物議を醸しているが、大隈と伊藤博文の「間ニ乖離《かいり》の状を生シ候様ニては天下の事再ひ収攬《しゅうらん》」できなくなってしまうと、伊藤との関係性を重視するよう大隈に伝えた（『大隈重信関係文書』四〈東京大学出版会〉）。また、小野梓は、「閣下ト伊藤参議トヲ離間セントスル」企みがあるようで、警戒してほしいと書き送った（『大隈重信関係文書』四〈東京大学出版会〉）。

九月二四日には、京都の岩倉具視のもとに、巡幸に随行する大隈と有栖川宮熾仁親王、大木喬任が「辞職之覚悟」で払下げの「断然廃止」を明治天皇に直訴したという情報がもたらされた（『大隈重信関係文書』四〈東京大学出版会〉）。佐佐木高行も同様に、大隈らが「開拓使ノ処分御取消ナクバ、三人共辞表ト決セル」という情報に接している（『保古飛呂比』一〇）。

大隈らが世間の払下げ批判を受けて、払下げ中止の提案をした可能性はある。ただし、それが「辞職之覚悟」を持つほどの強弁であったとされた点は、大隈陰謀論の影響が多分にあろう。

さて、大隈の陰謀の裏に潜むとみられた福沢諭吉は、どのようであったか。先に触れたように福沢は、門下生に払下げ批判の演説を行わせる一方で、新聞メディアが払下げ批判を展開する状況を「喧しき事」であり「あまり正しき仕方」ではないとも語っている（『福沢諭吉書簡集』三）。

また、一〇月一日に大隈に宛てた福沢書簡は、払下げ事件への福沢なりの考察が記されており興味深い。福沢は、今回の払下げは不正であるかもしれないが、明治政府として珍しいことではなく、なぜ本件のみが盛り上がっているのかわからないと、皮肉を飛ばす。その上で、政界には「三菱ト五代ト利を争ひ、大隈ト黒田ト権を争ふより生したる者」であるという噂がはびこっているようであると語った（『福沢諭吉書簡集』三）。

福沢はさらに、大隈・伊藤博文・井上馨から依頼されていた政府機関紙にも触れる。政府機関紙も、「時機ニ後れ」てしまった（『福沢諭吉書簡集』三）。そこで福沢は、別に新聞紙発行を計画したようである。三菱に資金提供を依頼したものの、いい返事が聞けそうもないと漏らした。

なお、福沢は、明治一五年に『時事新報』を創刊する。その計画は、この時点からはじまっていたのであろうか。

これらの書簡から考えれば、政府内で喧伝《けんでん》された陰謀論のように、大隈や福沢が薩長藩閥の打倒を企てていなかったといえる。しかし、それから二週間を待たずして、大隈は直接的に、福沢は間接的に政変の犠牲者となるのである。

会計検査官・小野梓の追及

政府内によからぬ企みがあるという情報を大隈重信に入れた小野梓も、薩長藩閥の打倒を目指した一人であった。

小野が三月の時点で開拓使の廃止を大隈に訴え出ていたことは、前章で触れたとおりである。開拓使の官有物払下げが世論を沸かせると、小野も会計検査官としてこの問題に切り込んでいく。

九月一〇日以降、払下げ処分が不当であるとして、開拓使への検査官派遣を検査院長山口尚芳《やまぐちますか》に申し出た。しかし、これは見送られた。

すると小野は、払下げを批判する意見書を直ちに作成する。この意見書では、黒田という「一官吏の不平を懼《おそ》るる」のではなく、「天下公論の帰する所に従ひ」払下げを見直すべきであると主張された（『小野梓全集』三）。

九月二三日、小野ら検査官は、山口宅に集まった。この場で小野は、次のように提案した。まず、払下げ処分の中止を訴える。そして、「私情」が政治に反映されない制度の確立を求める（『小野梓全集』五）。これが認められなければ、検査官一同で辞職する、というものである。

意気軒昂《いきけんこう》な小野に駆り立てられたところもあったのであろうか、検査官たちは一〇月六日に小野の主張する内容を建議することで一致した。しかし、小野以外の検査官たちは、薩長藩閥からの反撃を恐れて尻込みしていったようである。小野は、煮え切らない態度の検査官たちに愛想を尽かし、一〇月六日当日になって建言を取りやめた。

小野は、こうした動きと並行して、「若我自当」という意見書を作成した。一〇月九日、帰京直前の大隈にこれが届けられた。その内容は、払下げ批判を、「政治を改良するの方便」とし、世論を追い風に薩長藩閥を打倒するとともに、政体改革と憲法制定を実現させるべきである、との戦略を開陳するものであった（『小野梓全集』三）。

残念ながら、大隈がこれをどのように読んだのかは、知る由もない。しかし、大隈の周囲には、薩長藩閥からすれば紛れもなく「陰謀」と呼べる策略があったことは確かであった。

なお、そもそも会計検査院は、明治一三年三月に大隈の肝いりで設立された機関である。大隈は、将来の議会開設をも射程に入れ、会計に対する公平なチェック機能の確立を企図したのであった。小野の言動は、大隈の企図したところに合致しているものの、それが大隈への不信感を政府内で高めてしまったことは、皮肉であるとしかいいようがない。

慎重な岩倉具視

さて、政府内では、薩摩グループと長州グループが大隈重信の罷免、議会開設の勅諭、払下げの中止で大方の一致をみた。ただし、それを実行に移すためには、三大臣の同意を取り付け、明治天皇の承諾を得ることが必要である。

そのなかでも、これまで政治的リーダーシップを発揮してきた右大臣岩倉具視がキーパーソンであった。しかし、東京を離れていた岩倉の肌感覚は、彼らが一致した経緯や抱いた危機感を十分に認識するにはいたらなかった。山田顕義の提案に対して、岩倉が大隈の罷免と払下げの中止には即答できないと応じたことは、先に紹介したとおりである。

山田が訪問した翌々日の九月二〇日、元老院議官の東久世通禧《ひがしくぜみちとみ》は、払下げの中止という「大御英断」が必要であるという書簡を岩倉に送った（『岩倉公実記』下）。憲法制定などに向けて、岩倉の発奮を要請したのである。

かたや、大隈に近い人物も岩倉にアプローチした。小野梓の義兄である小野義真は、「内閣離間之策」や「廟堂破壊之陰謀」があることを岩倉に訴えた（「岩倉具視関係文書」）。そして、帰京の上で正々堂々たる果断を下すことを懇願するのであった。

このときの岩倉の心境を示す史料はない。もっとも、明治政府が大きく揺れていることは、理解したことであろう。そこで岩倉は、一大政変となる可能性にも配慮し、慎重な行動を選択する。九月二六日、療養のためのお暇《いとま》延期願いを提出したのである。

翌日には、太政大臣三条実美に書簡を送り、「福沢云々之義」、つまり福沢が大隈と連携して陰謀を企てているということに疑念を示す（『岩倉具視関係文書』七）。その上で、帰京後に伊藤博文と相談する旨を伝えた。

岩倉としては、時間を置くことで、政府内に落ち着きを取り戻そうと考えたのかもしれない。しかし事態は、もはや後戻りできない様相を呈していた。

払下げの中止手順

一〇月に入り、諸勢力の動向は、一層加速する。

一〇月一日、山田顕義に次いで、薩摩グループの参議川村純義《すみよし》が岩倉具視のもとを訪れた。川村は、西郷従道や大山巖《いわお》とともに、黒田清隆に払下げの中止を説得するも、「未《いま》夕氷解」しないため、岩倉の帰京を懇願した（「岩倉具視関係文書」）。岩倉は、できる限り早く帰京する旨を伝えつつ、開拓使の処分はすでに決定事項であることから、天皇や政府の権威を低下させないために、黒田から中止を願い出させるよう、薩摩グループ内で黒田を説得するよう述べた。

薩摩グループの大半が払下げの中止を止むなし、と考えたなかにあって、当の黒田は、なおもこれに難渋な姿勢を示した。一〇月三日、伊藤らが黒田に払下げ中止を申し出るよう説得したものの、「相定之都合に不相運《あいはこばず》」、つまり黒田の説得は伊藤らの思うようには進まなかった（『伊藤博文関係文書』七）。その後、西郷従道や薩摩グループで警視総監の樺山資紀《かばやますけのり》も黒田の説得に当たり、ようやく黒田を承知させたようである。

黒田の説得には、相当に骨が折れたようで、伊藤がその旨を三条実美に伝えている。黒田はなかなか説得に応じず、伊藤は「焦慮」に駆られた。なおも「西郷樺山両人数度之談判」の末、払下げの中止を「承服」するという黒田の言質《げんち》を取ったという（『大隈重信関係文書』四〈東京大学出版会〉）。

もっとも、黒田はなおも粘った。岩倉が帰京した翌日の一〇月七日にも、伊藤らが黒田に「自ラ取消ノ発令ヲ請願スルニ至リテハ政府ノタメ黒田一身ノタメ最得策ナル」ことを説いた（『大隈重信関係文書』四〈東京大学出版会〉）。翌日になり黒田は、払下げの中止を自ら願うことは「頗《すこぶ》ル難シ」いが、「聖意アル所ニ従フトノ事ニ決心」した（『大隈重信関係文書』四〈東京大学出版会〉）。

大隈の孤立

薩長の両グループの根回しが進む裏面で、佐佐木高行らの中正党は、大隈重信と福沢諭吉が結託し、「大隈太政大臣、副島右大臣」といった人事案を検討していることを聞いた（『保古飛呂比』一〇）。他方で、薩長藩閥に対しても批判を強め、参議の多くを閑職に追いやり、「元老院へ権力ヲ與《あた》ヘテ、充分行政官ヲ抑制スル制度」への改革を考えた（『保古飛呂比』一〇）。

一〇月四日、佐佐木は伊藤博文と会談し、伊藤が大隈の立憲政体に関する意見書の内容を知った直後の状況を聞いた。伊藤が大隈に、なぜ誰にも相談せず早期の議会開設を主張する意見書を提出したのか問い詰めたところ、大隈はひたすら謝罪を続けたという。

伊藤はまた、払下げの見直しについても、天皇が巡幸を終えたのちに検討しようと考えていたと語る。しかし、薩摩グループが大隈への大きな疑念を抱き、もはやそれを払拭できない程度になってしまった。そのために払下げを中止するとともに、政府の「大改革」は避けられないであろうと漏らした（『保古飛呂比』一〇）。

伊藤としては、大隈批判のみならず、薩長藩閥批判も強める中正党への警戒もあったのだろう。佐佐木に情報を与えつつ、彼らとの関係強化を狙ったことがうかがえる。

さらに、政府内の大隈追放への動きは、明治天皇の知るところにもなった。明治天皇は、払下げがスクープされた当初、これが大事件になると想像していなかったという。報道が相次ぐなかで、徐々にその重大性を認識していったものの、東京を離れていたこともあり、政府内の実態などをつかみきれなかった。一〇月に入り、「薩長団結シテ某参議ヲ退クル」という報道に接し、大隈追放が現実の政治問題となったことを知ったのである（『保古飛呂比』一〇）。

一〇月三日には、大隈系官僚の北畠治房《きたばたけはるふさ》が大隈に書簡を送り、薩摩グループが「大に相談結し閣下（大隈のこと。筆者注）に抗撃をなさんとするの勢」があることを伝えた（『大隈重信関係文書』四〈みすず書房〉）。遅くともこの時点で、大隈は自らに向けられた陰謀論と、それを契機として形成された包囲網を知ったのである。

北畠によれば、長州グループも薩摩グループに加担し、いよいよ大隈は孤立してしまった。これは、払下げや立憲政体に関する意見書、福沢らとの共謀といった「風評」に依拠するところが大きいという。

次いで一〇月六日、大隈系官僚の岩橋轍輔《いわはしてつすけ》が政府内の動向を探り、大隈陰謀論の要点を大隈に報告した。その内容を端的に述べれば、大隈が福沢や三菱と図り、民心を動揺させて議会開設の主導権を握ろうとしたこと、払下げに同意したにもかかわらず批判したことである。しかも、山田顕義が伊藤・黒田清隆のシナリオにのって奔走しているという。

一連の情報に接した大隈は、いかなる思いを抱いたのであろうか。残念ながら、そのことを示す史料は管見の限り存在しない。

議会開設の時期

議会開設の主導権を握ろうと考え続けた伊藤博文にとって、議会開設の時期をいつに設定するか、という点は極めて重要であった。山田顕義が岩倉具視に示した勅諭案は、議会開設の時期などについて、検討が重ねられた。

作成者は井上毅であろう。当初の案には、「明治二十一年ヲ期シ議士ヲ召集シ議会ヲ開キ」とあり、七年後の議会開設を考えていたことがわかる。

一〇月六日に岩倉が東京に戻ると、井上は翌日に岩倉へ勅諭の要点を書き送った。そこには、「内閣ノ一致ヲ示ス猶《なお》直接ニ云ヘハ薩長ノ一致ヲ示ス」と記されている（以下、引用は『大隈重信関係文書』四〈東京大学出版会〉）。「薩長ノ一致」とは、かなり露骨な表現である。要するに、薩長が団結する姿勢を示そうというのである。そして、反政府勢力の一掃までにはいたらずとも、

「中立党ヲ順服セシム」ことが肝要であるという。

しかし、帰京直後の岩倉と薩長両グループの間には、未だ温度差があった。井上は翌日にも書簡を送り、福沢諭吉が「盛ンニ急進論ヲ唱ヘ其党派ハ三四千ニ満チ広ク全国ニ蔓延《まんえん》」する状況に危機感を示す。そして、明治天皇の巡幸後に間髪入れず勅諭を下し、「人心之方向ヲ公示」し、「先鞭《せんべん》ヲ着ケ」なければ、「百年之大事ヲ誤」ってしまうと主張した（『大隈重信関係文書』四〈東京大学出版会〉）。

同日には、伊藤博文も岩倉に書簡を宛てた。黒田清隆が払下げ中止に同意したため、残るは三大臣の覚悟である。とりわけ議会開設を決着させなければ、明治政府は危機を迎えるであろう。開設時期を明治二三年に定めることが「緩急其宜ニ適ス」るものである、と述べた（「岩倉具視関係文書」）。

この時点で、議会開設の時期が明治二一年から二三年に変更となった。井上馨が伊藤に宛てた一〇月一〇日付の書簡には、黒田と「二十三年にて折合相付申候」とある（『伊藤博文関係文書』二）。先述のとおり、八月の段階で黒田は、明治三〇年頃の議会開設を主張した節があった。議会開設の時期の明治二一年から二三年への後ろ倒しは、議会開設を渋る黒田に配慮した向きもあったようである。

ここにいたって、岩倉も明治二三年の議会開設に首肯した。日本のみならず、東洋の政治史上に残る大方針が内定したのである。

大隈罷免への攻防

さて、一〇月六日に岩倉具視が帰京すると、早速、三条実美の訪問を受けた。一連の変革に対する意見を求められた岩倉は、「総体ニ於《おい》テ異議ナシ然レトモ大隈参議進退ノ事」は伊藤博文と「面談熟慮」したいと回答した(『大隈重信関係文書』四〈東京大学出版会〉)。

また、井上馨からも訪問を受けた。岩倉は井上にも、払下げ中止や議会開設などに向けて「徹頭徹尾内閣ヲ団結」させることが重要であると述べつつも、「独リ大隈進退ノ事」だけは伊藤と相談するとして、明言を避けた(『大隈重信関係文書』四〈東京大学出版会〉)。

しかし岩倉は、即座に伊藤と話し合ったわけではない。むしろ、「疲労」を理由に伊藤との面会を拒んだのである(『大隈重信関係文書』四〈東京大学出版会〉)。以上から、岩倉は払下げ中止や議会開設よりも大隈重信の罷免にもっともためらいを感じていたことがわかる。大隈の実力を見込んでいたのか、あるいは明治天皇の大隈への信頼が厚いことを意識したのであろうか。

岩倉は、大隈を政府内に留めさせる方法を模索したに違いない。一〇月七日早朝、岩倉は元老院議官の安場保和《やすばやすかず》を呼び寄せた。ところが、安場は、大隈陰謀論を「悉皆《しっかい》順序ヲ立テ」て訴えたのである(『保古飛呂比』一〇)。佐佐木高行に近い安場は、大隈の危険性を熱心に語ったことだろう。

三カ月にわたり東京を離れていた岩倉は、大隈罷免が不可避であることをようやく理解した。安場との面会後、伊藤らに大隈罷免への賛同を表明したのである。

伊藤としては、払下げ中止・議会開設・大隈罷免のコンセンサスが得られ、安堵《あんど》したことであろう。ところが一〇月一〇日、急報がもたらされた。井上馨から、矢野文雄が大隈罷免の情報を有栖川宮熾仁親王に伝えた上で、「薩長参議免職辞令書を東京え送達する策を催し」たようだという風聞を告げられたのである（『伊藤博文関係文書』一）。

しかし、大勢はすでに決していた。会議前の一〇月八日、伊藤・井上毅が岩倉に翻意しないよう念を押している。さらに一〇月一〇日には、黒田清隆が「此機ヲ失ハス政府之威権ヲ復セラレ廟堂之基礎ヲ堅クセラレンコト渴望」しているという書簡を岩倉に送った（「岩倉具視関係文書」）。黒田はこの書簡のなかで、「非常ノ事ヲ為スニハ非常ノ困難ヲ来スハ当然」であるとまで述べている（「岩倉具視関係文書」）。

薩長の両グループの結束により、すでに大隈の罷免は揺るぎないものとなっていたのである。

御前会議

天皇が帰京した一〇月一一日の夜、御前会議が開かれた。三条実美・有栖川宮熾仁親王・岩

大隈参議免官辞令（写）。早稲田大学図書館蔵

倉具視の三大臣のほか、参議の伊藤博文・井上馨・山県有朋・山田顕義（以上、長州グループ）・黒田清隆・西郷従道（以上、薩摩グループ）が出席した。大隈重信・大木喬任という肥前出身者は参加していない。そもそも声がかけられていなかった可能性もある。

御前会議ではまず、諸参議が連名で提出した奏議が取り扱われた。この奏議は、議会開設の時期を明示して憲法を定めるとともに、議会に備えて将来の貴族院とすべく元老院の改革を主張するものであり、特段の議論もなく勅裁を得た。

次いで、大隈の罷免が俎上に載った。元田永孚《ながざね》が佐佐木に語ったところによると、有栖川宮は大隈を擁護したようである。大隈の立憲政体に関する意見書は、当初「建白ノ体《てい》ニモナク」、口上の内容を書き取ったものに過ぎない（以下、引用は『保古飛呂比』一〇）。ところが岩倉が伊藤にみせたことで、「大ニ議論」が生じたのであり、そもそも「左程ノ事柄」ではなかった、と有栖川宮は大隈を庇《かば》ったという。

しかし、薩長の強い連携により、大隈が政府に留まる余地はなかった。ただし、明治天皇としては、これまで粉骨砕身して明治政府に尽くしてきた大隈への同情があった。そのため、罷免を強行するのではなく、「免官の所以《ゆえん》」を大隈に伝えた上で、「辞官の表を出さしむべし」ことを申し伝えた（『明治天皇紀』五）。つまり明治天皇は、罷免ではなく辞任という形をとることで、大隈の名誉を守ろうと配慮したのである。

最後に、払下げの中止である。黒田が改めてこれに「異議なし」ということを伝え、これも裁可された。

御前会議の終了後、伊藤と西郷が大隈のもとを訪れた。伊藤らが御前会議の内容を大隈に伝えたところ、大隈はこれを素直に受け入れた。すでに一一日をまわり、一二日未明のことであった。

一〇月一二日、明治天皇のもとに三大臣が、次いで伊藤・西郷の両参議が召された。前日の御前会議では、議会開設の具体的時期は取り決められていなかったが、この日、明治二三年の議会開設が定められた。かくして、「明治二十三年ヲ期シ、議員ヲ召シ、国会ヲ開キ、以テ朕《ちん》カ初志ヲ成サントス」という「国会開設の勅諭」が下された。

同日にはまた、開拓使に官有物の払下げ中止の旨が達せられ、大隈重信の辞表も受理された。

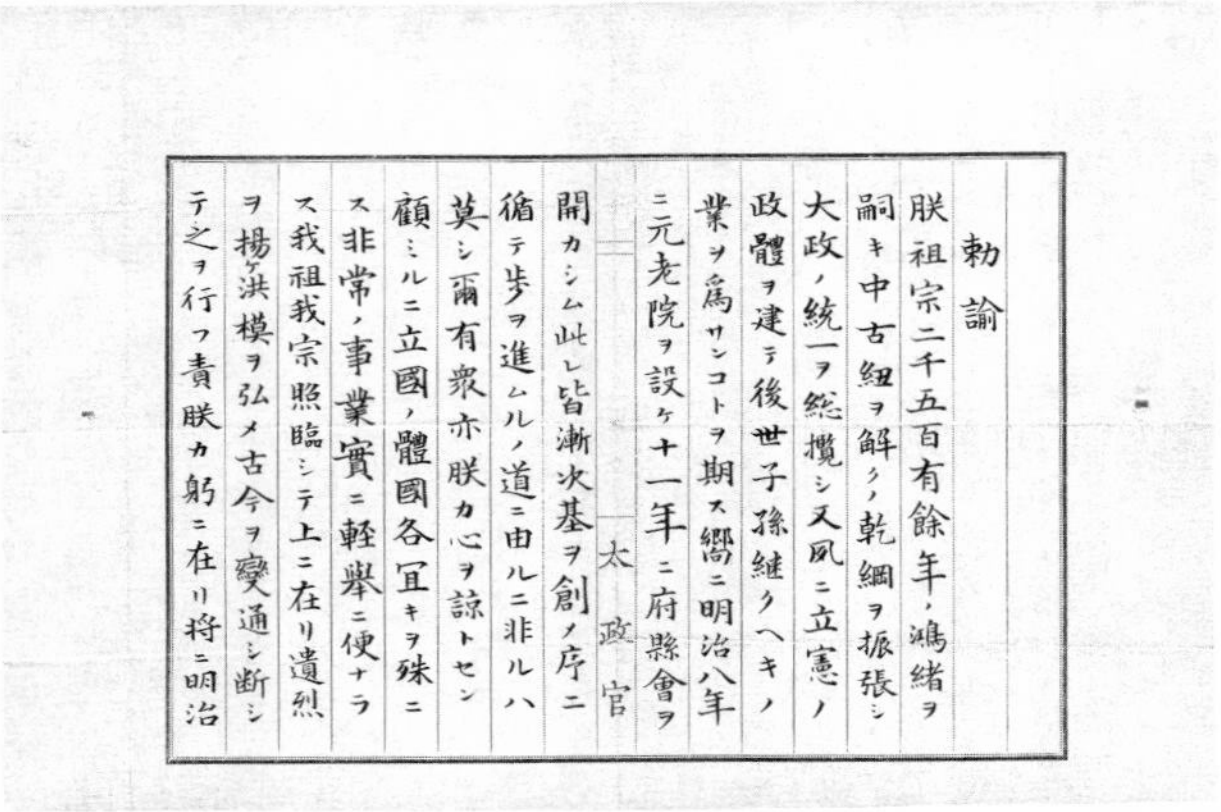
勅諭
朕祖宗二千五百有餘年ノ鴻緒ヲ
嗣キ中古紐ヲ解クノ乾綱ヲ振張シ
大政ノ統一ヲ總攬シ又夙ニ立憲ノ
政體ヲ建テ後世子孫繼クヘキノ
業ヲ為サンコトヲ期ス嚮ニ明治八年
ニ元老院ヲ設ケ十一年ニ府縣會ヲ
開カシム此レ皆漸次基ヲ創メ序ニ
太政官
循テ歩ヲ進ムルノ道ニ由ルニ非ルハ
莫シ爾有衆亦朕カ心ヲ諒トセン
顧ミルニ立國ノ體國各宜キヲ殊ニ
ス非常ノ事業實ニ軽擧ニ便ナラ
ス我祖我宗照臨シテ上ニ在リ遺烈
ヲ揚ケ洪模ヲ弘メ古今ヲ變通シ斷シ
テ之ヲ行フ責朕カ躬ニ在リ將ニ明治

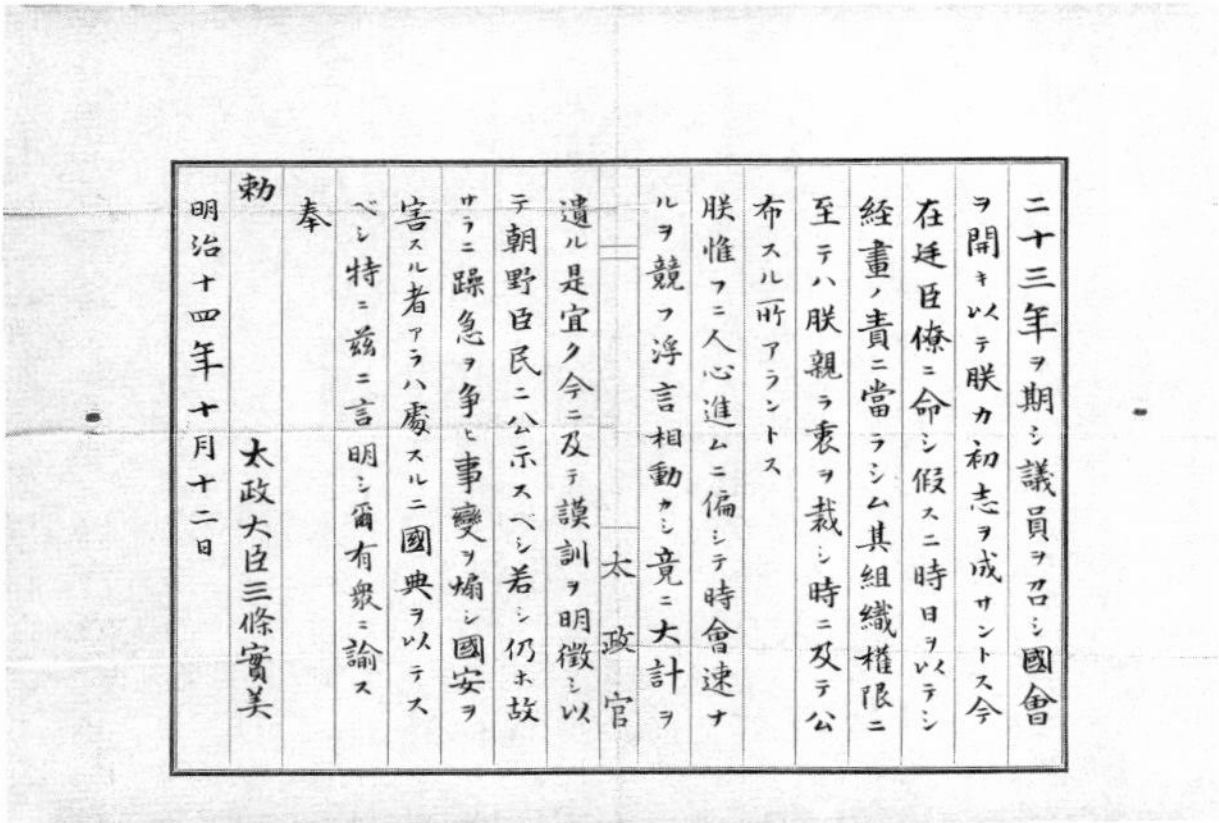
二十三年ヲ期シ議員ヲ召シ國會
ヲ開キ以テ朕カ初志ヲ成サントス今
在廷臣僚ニ命シ假スニ時日ヲ以テシ
經畫ノ責ニ當ラシム其組織權限ニ
至テハ朕親ラ衷ヲ裁シ時ニ及テ公
布スル所アラントス
朕惟フニ人心進ムニ偏シテ時會速ナ
ルヲ競フ浮言相動カシ竟ニ大計ヲ
太政官
遺ル是宜ク今ニ及テ謨訓ヲ明徴シ以
テ朝野臣民ニ公示スヘシ若シ仍ホ故
サラニ躁急ヲ爭ヒ事變ヲ煽シ國安ヲ
害スル者アラハ處スルニ國典ヲ以テス
ヘシ特ニ茲ニ言明シ爾有衆ニ諭ス
奉
勅　太政大臣三條實美
明治十四年十月十二日

国会開設の勅諭。国立公文書館蔵

第五章　それぞれの政変後——明治一五年以降

一　在野

メディアの反応

開拓使官有物払下げ事件の口火を切り、薩長藩閥批判を繰り返した新聞メディアは、政変をどのように報じたのであろうか。

『朝野新聞《ちょうやしんぶん》』は、大隈重信《しげのぶ》が政府から追放されたことを嘆き、「内閣枢要ノ地ニ立ツ者ハ尽《ことごと》ク両藩（薩摩・長州のこと。筆者注）ノ士ニ非《あら》ザレバ不可ナリト為スガ如《ごと》キ」と論じ、薩長いずれかの出身者以外を排除する政府を批判する（一〇月一三日付）。とりわけ、伊藤博文《ひろぶみ》が大隈追放の中心であったと断じた。また、国民が「智識ヲ磨キ気力ヲ増」せば、議会開設は明治二三年（一八九〇）よりも早まり、欽定《きんてい》憲法から民約憲法に転換されるであろう、と報じた（一〇月一四日付）。

このように、国会開設の勅諭をもってしても、明治政府への批判を完全に抑え込めなかった。政府がとりわけ警戒したものは、議会開設に関する報道である。

『東京横浜毎日新聞』は、明治二三年という議会開設の時期について、同年末日までは「決シテ国会ヲ開カセラレザル」という解釈もできることに触れつつ、「其準備サヘ整ヘバ」速やかに議会を開設するという意味だろうと主張する（一〇月一六日付）。また、議会開設には憲法制定をともなうべきであるが、勅諭に「憲法制定モ包含」されているのか不明であると指摘した（一〇月一八日付）。

政府としては、在野の議会開設要求の再燃を恐れたのであろう。一〇月一六・一八日付の『東京横浜毎日新聞』の販売を停止させ、さらに一九日以降しばらくの間、発行を停止させた。

そして、一〇月一九日付の『東京日日新聞』上には、「御用意ノ廟算サヘ整ヒナバ必ラズシモ二十三年ヲ待セラルルノ思召《おぼしめし》ニハ候ハザルベシ」、つまり準備が整えば明治二三年を待たずして議会を開設する、という政府要人の声が掲載されるにいたった。後日、これは井上馨《かおる》の発言であることが明らかにされた。

再び『東京横浜毎日新聞』によると、一〇月二五日、東京の新聞社の編集長が警視庁に集められた。その場で、「国会開設ヲ二十三年マテトシタルノ不都合ヲ申論シ速カニ之レニ関シタル新聞ハ取消ス」、つまり国会開設の勅諭の内容に関する論評を禁じさせたのである（一〇月二七日付）。

明治政府は、早期の議会開設を求める在野勢力――大隈重信もその対象であったかもしれない――から、明治二三年という議会開設時期が遅すぎる、との批判が出ることを恐れた。国会開設の勅諭が、薩長藩閥批判を抑えるばかりか、かえって煽《あお》ってしまっては元も子もない。政府は、彼らの機先を制したのである。

以降、メディアの政変評に変化が生じた。たとえば『郵便報知新聞』は、国会開設の勅諭が、議会開設の反対勢力を「改進ノ方位ニ転向」させ、彼らに「十年ノ後ニハ必ス国会政治ノ下ニ立ツノ覚悟」を持たせたと賞賛する（一〇月二九日付）。また、政治的に無関心であった層に対しても、「国事ヲ思フノ念ヲ発シ忽然《こつぜん》政治ノ思想ヲ生シテ国事ヲ憂慮」させた、すなわち政治意識を高めたという（一〇月三〇日付）。

一二月に入ると、政変をめぐる新聞メディアの報道は、政府への批判が鮮やかなほど収束し、政変自体を前向きに捉《とら》えるものが多くなった。たとえば『郵便報知新聞』は、政府中枢が「私情ヲ棄テ、公義ニ従」ったことで議会開設が宣言されたとして、明治政府の決断を称えた（一二月一九日付）。また、国会開設の勅諭や開拓使官有物の払下げ中止など、「輿論《よろん》ノ勢力大ニ其ノ効ヲ示シタ」一年であったと、明治一四年を総括した（一二月二七日付）。

このような報道傾向は、政変直後に批判的な報道を展開した『朝野新聞』も同様である。「不正ナル開拓処分ヲ止メタル」ことも、「至幸ナル立憲政体ノ予約」も、「輿論」の力であったと明治一四年を総括したのであった（一二月二四日付）。

大隈系官僚の下野

さて、明治一四年の政変により明治政府を去った人物は、大隈重信に限らない。大隈が免官となった翌日の一〇月一三日、統計院の矢野文雄《ふみお》・牛場卓蔵《うしばたくぞう》・犬養毅《いぬかいつよし》・尾崎行雄《ゆきお》が免官となった。彼らは、いずれも福沢諭吉《ゆきち》の門下生であるとともに、政府内では大隈の配下にあった。そのほか、一〇月二五日には小野梓《あずさ》・牟田口元学《むたぐちげんがく》・中上川彦次郎《ひこじろう》・小松原英太郎《こまつばらえいたろう》らが、日を置いて前島密《まえじまひそか》（一一月八日、以下カッコ内は免官日）、森下岩楠《もりしたいわくす》（一一月二二日）が下野した。

彼らの多くは、大隈派・福沢派と評されることが多い。事実、大隈や福沢に連なる面々である。そのため、明治一四年の政変により、大隈系・福沢系が政府から一掃されたといわれる所以《ゆえん》となっている。

ところが、大隈に近い佐野常民《つねたみ》や副島種臣《たねおみ》は政府に留まった。中牟田倉之助《なかむたくらのすけ》・三好退蔵《たいぞう》といった福沢門下生も同様である。

一方、同じく政府を去った河野敏鎌《とがま》（一〇月二〇日）・中野武営《なかのたけなか》（一〇月二五日）・島田三郎《さぶろう》（一〇月二九日）・田中耕造《こうぞう》（一〇月二九日）などは、どうであろうか。彼らは、のちに立憲改進党に合流するため、後世からみれば、大隈系・福沢系と一緒くたにしても差し支えないかもしれない。しかし、政変前に、彼らと大隈あるいは福沢との政治的つながりがあったかは不明瞭である。

明治一四年の政変の研究を積み重ねる齋藤伸郎《さいとうのぶお》氏は、政変により大隈派・福沢派が政府から一掃されたという理解は誤りであり、また下野後に結びついた面があることを指摘する。歴史学者の真辺将之《まさゆき》氏も同様に、下野した面々を大隈系官僚と一括りにすることは適切でないとし、むしろ政変後に両者が政治的に接近したのではないか、とみる。

筆者も、これらの見解に賛同する。ただし、政変により薩長の連携が強まるとともに、大隈や福沢の政治的影響力が低下したことは間違いない。そこで、政変後の彼らの動向を追っていこう。

政変に接した福沢諭吉

御前会議が開かれ、大隈追放や払下げ中止が決定された一〇月一一日の福沢諭吉については、福沢に信頼され大隈重信への使者などを依頼された伊東茂右衛門《いとうもえもん》が、後年になって次のように語っている。

伊東が福沢邸を訪れたところ、福沢より、薩摩グループが激怒して、議会開設を訴える福沢や大隈を捕縛し、国事犯として処分することとした、という話を聞かされた。福沢は、「大隈をヒツ縛り、福沢をヒツ縛り、次ぎに面々に及ぶ手筈《てはず》の様子」であると語ったという（『大隈侯八十五年史』一）。

これは、伊東の回想であり、正確であるかは検討を要する。しかし、福沢門下生の朝吹英二《あさぶきえいじ》も、「福沢先生の如きも一時謀叛人《むほんにん》として、入牢させられるとの風説あり、先生自身も暗に其覚悟をされた程である」と語っていることから、福沢の捕縛という風聞自体は確かにあったのであろう（『朝吹英二君伝』）。朝吹が語るところによれば、日を経るにしたがって、捕縛を免れたようであると、福沢の周囲も安堵《あんど》したという。

さて、福沢は政変を受けて、伊藤博文と井上馨の両名に憤慨した。政変直後の一〇月一四日、福沢は伊藤と井上に、本書第三章で紹介した書簡を宛てた。

字数にして約七〇〇〇におよぶ長大な書簡には、福沢が伊藤・井上・大隈から新たに発行する政府機関紙の編集責任者を打診された明治一三年末からのやりとりが、順を追って事細かに記されている。

福沢はいう。伊藤らからの打診に逡巡《しゅんじゅん》していたところ、井上から以下のように、議会開設を決意した旨を聞かされた。

五箇条誓文に公議政治の実現を謳《うた》っているように、そもそも明治政府は、「会議ノ主義ヲ以テ成立」した（以下、引用は『福沢諭吉書簡集』三）。いつまでも薩長の藩閥政治に固執してはならない。

議会開設を決意した以上、「一身ノ地位ヲ愛惜スルノ念」はない。たとえ「如何ナル政党ガ進出ルモ、民心ノ多数ヲ得タル者へハ、最モ尋常ニ政府ヲ譲渡サント覚悟ヲ定メタ」。福沢には、ぜひ政府機関紙を通じて、「公明正大ニ筆ヲ振」ってもらいたい。

薩摩グループは議会開設に消極的である。しかし、自分たち三参議は「決シテ福沢ヲ売ラ」ない。これは、「徳義上ノ約束」であり、「証書ヲ認《したた》メタルヨリモ堅固」である。

福沢は、井上からこのように聞き、政府機関紙の編集責任者の任を承諾したのだという。しかし、今回の政変が起こった。福沢は、約束を反故《ほご》にされたばかりでなく、大隈とともに立志《りっし》社系を取り込み、政府転覆を企てたなどという、根も葉もない流言に辟易《へきえき》としているとまくしたてた。ましてや、福沢と近しい者たちが、政府から去らざるを得ない状況となっており、これは大いに嘆かわしい事態である。

なお、福沢は井上に対して、伊藤と話し合った上での返答を請う書簡も添えた。

福沢がみた政変

福沢諭吉の書簡を素直に読めば、井上馨は政党内閣の誕生を容認しており、それは福沢が提唱し、大隈重信の意見書にも謳われたイギリス流の議院内閣制の採用を約束したと解釈できる。

一〇月一六日、井上は福沢に返信を宛てた。そこには、政府機関紙についてては福沢の書簡にあるとおりだが、「第一の主眼とする処」すなわち議会開設については「漸進を以て設立」すると申し上げたのみである、との反論が書かれている（『福沢諭吉全集』一七）。なお、伊藤博文が福沢に返信を宛てたことを示す史料はない。

一〇月三〇日、福沢は再び、伊藤・井上に書簡を宛てた。福沢は、政府機関紙の準備のため、詳細を伏せつつも、「人物も募り、又物品をも集メ」てきたという（以下、引用は『福沢諭吉書簡集』三）。しかし、政府機関紙は一向に進展せず、政変が起こった。福沢としては、「心志を労し、又物を費したる」ことは論ずるようなことではないが、「親友ニ対して偽を行ふたるの姿」となってしまったことは、「心苦し」い限りである。そのため、ぜひ伊藤・井上の両名から、政府機関紙の話が立ち消えた理由を伺いたい、という。

あくまで政府機関紙の話に収斂《しゅうれん》させていることが、かえって福沢の怒りを表していよう。しかし、伊藤・井上からの回答はなかった。

福沢は、後世のために、政変の真相を書き残す必要があると考え、密かに「明治辛巳《しんし》紀事」を執筆した。ここで福沢は、政変の内幕を次のように記した。

伊藤・井上は、議会開設を推進しようとしたが、黒田清隆《きよたか》ら薩摩グループの反撃に遭い、立場を危うくした。そこで、責任を大隈一人に押し付けようと考えた。しかし、大隈が民権論者との接点を持たなかったため、板垣退助《たいすけ》や後藤象二郎《しょうじろう》に近い福沢との関わりを強調する。こうして、三菱に金を出させ、福沢も政界に打って出ようとしている、との陰謀論がでっち上げられた、という。

「明治辛巳紀事」内には、明治一四年一〇月二〇日という執筆日が記されている。ただし「明治辛巳紀事」は、福沢の生前には公にされなかった。

政変後の福沢

以上は、議会開設をめぐって、井上馨の理解と齟齬《そご》が生じている点もあり、福沢諭吉からみた政変像であることに配慮しなければならない。ただし、福沢が政府機関紙のために、資材や人材を準備していたことは事実である。明治一五年三月、福沢はこれらを転用して、『時事新報』を創刊した。

その創刊号では、いかなる党派や利害にもくみさない「独立不羈《どくりつふき》」の立場から、「国権ノ利害ヲ標準ニ定メテ審判ヲ下タス」ことが宣言された（三月一日付）。この方針は、のちに「不偏不党」として知られていく。これはまた、明治一四年に流布された陰謀論を意識した福沢が、いかなる政治的野心も持ち合わせていないことを、あえて宣言したようにも解釈できる。

なお、創刊号には、次の文章も掲載されている。「我輩ハ国会ノ開設ヲ賛成スル者ナリト雖《いえど》モ徒《いたずら》ニ其開設ヲ見テ之ヲ楽シムニ非《あら》ス又コレニ参与シテ権ヲ弄《もてあそ》ハント欲スルニモ非ス唯国会ノ開設アラハ由テ以テ我政府ノ威権ヲ強大ニシテ全国ノ民力ヲ一処ニ合集シ以テ国権ヲ皇張スルノ愉快ヲ見ル可シトノ企望ニテ中心ニ之カ賛成ヲ為シ国会論者ヲ友トシテ其反対論者ヲ敵トスルノミ」（三月一日付）。

つまり、福沢自身は、議会開設に賛成するものの、開設自体を喜んだり、そこに自らが影響力を持とうなどという考えを持っていない。議会の開設により、官民協調して日本の国力を高めていくことを望むばかりである、という主張である。明治一四年の政変に対する、福沢なりの皮肉であろうか。

ところで、明治一五年三月六日付の『時事新報』では、「明治十四年夏ノ頃ヨリ府下誰レノ口ニ出ルトモ分ラズ一種ノ奇言ヲ伝ル者」、すなわち私利私欲のために福沢を陥れようとする「軽薄児」が現れたと論じられた。それは、門下生の九鬼隆一《りゅういち》を指す。

九鬼は、慶応義塾を経て、明治五年より文部省に出仕した。以後、文部少輔にまで昇進し、一時期は「九鬼の文部省」と呼ばれるほど、文部行政の中心的役割を担った。こうしたなかで、九鬼は福沢とも疎遠になっていき、政変後も、文部省に留まった。福沢は、この九鬼が政府のスパイとなり、福沢グループに関する批判的な情報をあげたと考えた。

同じく福沢門下生の門野幾之進《かどのいくのしん》が、福沢の九鬼への見方には、福沢の思い過ごしもあったと語った、との記録がある。しかし、とりわけ明治一四年の政変前後に、政府が福沢の周囲に多くの密偵を放っていたことは確かである。また、政変前後の九鬼が、伊藤博文に政府内の情勢を報告する書簡も残されている。九鬼が密偵の役割を担っていたことは間違いない。

果たして、福沢が考えたように、九鬼が福沢の周囲も探り、「一種ノ奇言」を密告したかは定かでない。しかし、政変後の福沢の九鬼に対する態度は、きわめて冷淡なものとなった。

福沢の怒りは、なおも収まるところを知らない。明治二〇年四月、福沢は伊藤からファンシーボール（仮装舞踏会）に誘われた。しかし、「家事之都合」、「無拠《よんどころなき》次第」という皮肉をこめた理由でこれを断った（『福沢諭吉書簡集』五）。

一般に福沢は、「私立」の立場を貫き、「政治」と距離を置いていた、と理解される。福沢のいう「一身の独立」は、こうした理解の象徴とされることが多い。慶応義塾関係者についても、卒業生の活躍などから、実業界との関係の深さが強調されてきた。

しかし福沢は、「一国の独立」のために「一身の独立」を標榜《ひょうぼう》したのである。その意味で、福沢の見据える先には、常に「政治」があった。しかし福沢は、突如として政変の「敗者」となった。以後、「私立」の立場にあり続け、実業界に強い慶応義塾というイメージも醸成された。

福沢の政治的敗北の要因には、誰よりも福沢を危険視した井上毅《こわし》の存在が大きい。にもかかわらず、福沢は井上という一官僚の存在を、ついに認識し得なかった。これは、文部省による私学冷遇政策につながる。この点は次節で詳述しよう。

大隈重信の回想

先に紹介した伊東茂右衛門は、政変当時の大隈重信のことも回想している。伊東は、大隈・福沢が捕縛されると聞いた翌日の一〇月一二日、大隈邸を訪れた。すると、大隈が「唯今《ただいま》辞表を懐にして参内するところだと先生に伝へて呉《く》れ」と語ったという（『大隈侯八十五年史』下）。

当の大隈本人は、のちになって次のように振り返っている。明治一四年一〇月一二日の午前一時頃、伊藤博文と西郷従道《つぐみち》の訪問を受け、「容易ならざることだから」という理由で「ドウか辞表を出してくれ」といわれた（以下、引用は『大隈侯昔日譚』）。大隈は「明日我輩が内閣に出る、辞表は陛下に拝謁してから出す」と答えたところ、伊藤らは当惑したという。

翌日、大隈が宮中に向かうと、守衛から宮中に入ることを禁じられた。そこで有栖川宮熾仁《たるひと》親王を訪ねてみたが、ここでも守衛に門前払いを受けた。大隈は、「体《てい》のいゝ罪人扱ひ」になってしまった。「御免の辞令」は、司法卿山田顕義《あきよし》が取り次いでくれたという。

明治政府は、大隈の追放により反乱やテロが起こるのではないかと懸念し、厳戒態勢を敷いていた。警視総監の樺山資紀《すけのり》は、政変前の一〇月九日の段階で大臣や参議の警護を強化した。また、黒田清隆も追放後の大隈の動向を注視している。

一〇月一四日には、宮内省より警護強化の沙汰が出された。同日、樺山は政変の「世評探聞」を伊藤と松方正義《まさよし》に伝えた（「樺山資紀関係文書」）。

さかのぼること八年前。いわゆる明治六年政変で下野した西郷隆盛《たかもり》は、故郷の鹿児島に戻った。その後、不平士族に担ぎ上げられ、日本最大かつ最後の内戦となる西南戦争が勃発《ぼっぱつ》した。明治一四年に生きる人びとにとって、それは「歴史」と呼べるほど過去の話ではない。在野では、薩長藩閥批判を繰り広げる自由民権グループが、かつての不平士族のように存在していた。彼らは、明治一四年の政変直後に自由党を結成した。

明治政府が大隈の姿に西郷を重ね、その動向を注視したことは当然である。しかし、明治政府の懸念は、杞憂《きゆう》に終わった。それは、これまでみてきたように、そもそも自由民権グループが一致団結して政府に対抗する状況になかったからである。さらに、大隈の態度も大きかったと考えられる。

一〇月一六日、大蔵卿の佐野常民は、下野後の大隈の態度について、「激色無ク、屈色無」いことが「衆目ヲ驚カ」せ、「卓然豪傑之気象」であると、賞賛した（『文書より観たる大隈重信侯』）。もっとも、佐野は、しばらくは「沈黙ヲ主トシ、更ニ時事ニ論及セス」と、大隈へのアドバイスを続けている。これは、大隈を心から心配しているとも取れるが、反乱やテロを抑えるために大隈を刺激させないよう努めた、とも考えられる。

ともあれ、伊藤や黒田らの懸念にもかかわらず、驚くほど静かに大隈は下野した。そしてそれは、結果として、明治一四年の政変が明治六年政変と異なり、ソフトランディングを迎えたことにも寄与したのである。大隈は、何を考えていたのであろうか。

立憲改進党の結成と東京専門学校の設立

政変直後の大隈重信について、もっとも知られていることは、立憲改進党を結成し、同党の総理（党首）に就任したことや東京専門学校（現在の早稲田大学）の創設に関与したことであろう。しかし、実のところ大隈は、いずれにおいても前面に出ようとしなかった。

立憲改進党の起源は、明治一四年三月とも六月ともいわれる。小野梓が高田早苗《さなえ》や小川為次郎《おがわためじろう》らとともに、薩長藩閥政府からも、自由民権グループからも距離を置く、中立的立場からの政党設立を目指したところにはじまる。元老院グループや宮中グループが集った中正党と同様の論理である。

当初、小野らの構想する政党に、大隈の参加は見込まれていなかった。しかし、明治一四年の政変により大隈が下野したことで、小野がその構想を大隈に打ち明けた。かくして、大隈を中心とする政党の結成が志向されたのである。

明治一五年三月一五日、立憲改進党の結党届が受理され、四月一六日に同党の結党式が開催された。結党式の場で、大隈が総理に就任するとともに、小野・牟田口元学・春木義彰《はるきよしあき》の三名が掌事（幹事）に指名された。

立憲改進党の構成は、小野・高田らの鷗渡《おうと》会系のほか、矢野文雄や尾崎行雄らの三田派（東洋議政会系）、沼間守一《もりかず》らの嚶鳴《おうめい》社系、河野敏鎌や牟田口らの修進社系に大別される。それぞれ立場の違いはあったものの、政党内閣の実現を目指すという点で一致していた。

立憲改進党の趣意書には、「地方自治ノ基礎ヲ建ツル事」、「選挙権ヲ伸濶《しんかつ》スル事」、「外国ニ対シテ勉メテ政略上ノ交渉ヲ薄クシ通商ノ関係ヲ厚クスル事」など、具体的な政策が掲げられた（『明治政史』六）。この根底には、将来の議会政治を見据えて、政策を共有し政権を担おうという考えがあった。明治政府に対抗するため、大同団結を重視した自由党と、対照的なスタンスであった。

ただし、後述するように、立憲改進党も自由党も、党運営が順風満帆であったわけではない。どのようなスタンスを取るにせよ、議会が開設される明治二三年までの年月は、政党が存続するには長すぎた。

さて、大隈である。大隈は、立憲改進党の総理でありながら、積極的に人びとの前に出ていない。自由党の総理である板垣退助が、全国を遊説していたことと対照的であった。

一方、現在の早稲田大学である東京専門学校は、明治一五年九月に認可を得て、翌一〇月に開校式を迎えた。東京専門学校の設立も、立憲改進党と同じく、将来の政党政治を見据えたものであり、人材養成のための教育機関が必要である、との思いがあった。

初代校長には、大隈の娘と結婚し大隈家の養子となった大隈英麿《ひでまろ》が就任した。議員（評議員）と幹事は、全員が立憲改進党員であった。ただし、ここに大隈の名は登場しない。大隈は、東京専門学校の設立に多額の金銭を提供しながら、開校式にも出席しなかった。

それは、東京専門学校が政党政治を見据えた人材養成を目的の一つとしながらも、立憲改進党員の養成所ではない、という大隈の考えによるものであった。小野梓も開校式で、政治権力からの学問の独立が重要であることを説いている。

大隈の政治的思惑

大隈重信が、東京専門学校への目にみえる形での関わりを避けたことは、いま述べたとおりである。しかし、東京専門学校において政治性を極力排除しようとしたということは、大隈が立憲改進党総理としても表に出ようとしなかったことを説明できるものではない。大隈はなぜ、かくも静謐《せいひつ》のなかにいようとしたのであろうか。

一つは、明治政府による大隈への警戒があった。政府は、各銀行に大隈との取引を行わないように手を回した。これにより大隈は、政党運営や学校経営の資金調達に苦慮した。また、後述するように、明治一六年には、私立学校への徴兵猶予が取り消された。この結果、東京専門学校や慶応義塾などの私立学校は経営危機に瀕したのである。

立憲改進党の運営も困難を極めた。府県会議員の多くが立憲改進党支持者となったが、党勢のさらなる拡大が求められた。そもそも立憲改進党は、自由党とは一線を画していたものの、政府との協調が現実的でないことから、自由党との連携を模索した。

明治一五年後半まで、両党は協調路線を採った。しかし、自由党総理の板垣退助らの洋行費用が政府に工面されたものであったことが発覚すると、両党の対立が顕在化し、協調路線は断念された。

参議の山県有朋《ありとも》は、立憲改進党が将来的に恐るべき「党派を形成する」ことを警戒した(『伊藤博文伝』中)。明治一五年一二月、太政官《だじょうかん》布告第七〇号を公布し、府県会議員が連合・通信することを禁じた。府県会議員を支持基盤としていた立憲改進党にとって、大きな痛手となり、党勢は衰退した。

こうしたなかにあって、大隈が前面に出れば、政府からのさらなる弾圧は必至であった。大隈としては、躊躇《ちゅうちょ》せざるを得なかったであろう。

もう一つは、大隈が政府復帰を射程に入れていたことがある。大隈は、かつての西郷隆盛の結末を知っている。他方で、一度政府から離れた木戸孝允《たかよし》や板垣が政府に復帰したことも目の当たりにしている。大隈は、政変以前から自由民権グループとは相容れなかったため、政府復帰を目論《もくろ》んでいても、なんら不自然な話ではない。そうであれば、いたずらに政府からの警戒を強めることは、大隈にとって不利益でしかなかった。

明治一六年四月から六月にかけて、薩摩グループと肥前グループの会合が複数回開催された。

肥前出身で、元開拓使出仕の西村貞陽《にしむらさだあき》が両グループを仲介した。大隈はこの場で、黒田清隆と再会したのである。

大隈としては、改進党の党勢が捗々《はかばか》しくないなか、政府の実力者とつないでおくことにメリットがあった。他方の黒田は、政変後は内閣顧問であった。閑職であり、政治的影響力を失っていた。大隈を政府に復帰させることにより、自らの捲土重来《けんどちょうらい》を狙った。

しかし、黒田の勧誘に対して、大隈は即座の復帰を否定した。やはり、名実ともに政府の中心であった伊藤博文との対立は避けたかったのであろう。他方で、薩摩グループの中心である黒田との関係修復は、大隈の近い将来の政府復帰に、大きな障壁が取り除かれたことを意味したのである。

その後の大隈

明治一四年の政変後、松方正義が大蔵卿に就任した。松方が紙幣整理を推し進めた結果、明治一七年から一八年にかけて、いわゆる松方デフレと称される激しいデフレーションが引き起こされた。これは、立憲改進党や自由党の支持層に大きな打撃を与えた。さらに政府は、集会条例や新聞紙条例を改正し、両党の取り締まりを強化した。

党運営が行き詰まるなか、明治一七年一〇月には、資金の欠乏などから自由党が解党となる。

大隈重信も、立憲改進党の解党を考えた。しかし、党内には解党への反対意見も多く、議論は紛糾した。結局、明治一七年一二月、大隈が立憲改進党を脱党することとなった。

明治二一年二月、大隈は、外務大臣に就任し、政府復帰を果たした。前年の明治二〇年には、井上馨の条約改正交渉に批判が集まり、在野では大同団結運動が展開されていた。伊藤博文や黒田清隆が大隈の外交力に期待するとともに、立憲改進党の支持も取り付けようと考え、大隈に政府復帰を促したのである。

こうして政府復帰を果たした大隈は、条約改正交渉に尽力した。しかし、大審院への外国人判事任用などを認めようとする条約改正案は、政府内外から痛烈な批判を浴びた。

明治二二年一〇月、玄洋社《げんようしゃ》の来島恒喜《くるしまつねき》が大隈の乗る馬車に爆弾を投擲《とうてき》した。一命をとりとめた大隈であったが、右脚を失った。一二月に外務大臣の辞表を提出し、条約改正は断念された。テロによる政治的敗北であった。明治一四年の政変から、七年後のことである。

二　政府内

内閣改造

次に、政変後の政府内の動向を追っていきたい。明治一四年の政変の勝者は、紛れもなく伊藤博文であった。大久保利通《としみち》の没後、混沌とした政府内の権力状況が続いたなかで、政変により伊藤の存在はその中心に据えられたのである。もっとも、伊藤の思いのままにさまざまな政策が進められたわけではない。

伊藤は、参議を廃止し、さらには大臣と省卿の政治的地位を等しくし、内閣の権威強化を目論んだ。これには、かねてから主張していた華族制度改革や、内閣制度改革を見据えた面がある。そして、薩長の有力者が結託して、議会開設に向かおうとした。しかし、政変後に議論された内閣制度改革は、伊藤のシナリオから外れていく。

伊藤の想定外は、山県有朋の処遇であった。伊藤は、長州の山県、薩摩の西郷従道とのつながりを重視し、政変後の内閣の要《かなめ》にしようと考えた。事実、両者は、政変にあたって伊藤を支持し続けた。しかしながら、山県が省卿への転任を拒んだのである。これまで、一般政務には直接関与せず、軍人の立場にあり続けた山県としては、参謀本部長のポストにこだわりがあった。

そこで伊藤は、岩倉具視《ともみ》に訴え出る。伊藤はいう。現在の政府を「維持するの手段」は「実力」以外にない。「実力」とは、すなわち「薩長」である。薩長の実力者である山県と西郷が内閣にいなければ、「内閣の権力薄弱」となり、「威令之透徹」が困難になってしまう（『伊藤公全集』二)。

かくして、異例ながら、山県は参議兼参謀本部長となった。伊藤の主張がとおったかにみえるが、不完全ながらも、伊藤の提言により前年に実現した参議省卿分離は廃止され、兼任制が復活した。伊藤の内閣改造構想は、この時点で道半ばに終わったのである。

明治一四年(一八八一)一〇月二一日、内閣改造が行われた。長州から、伊藤博文(参議兼参事院議長)・井上馨(参議兼外務卿)・山田顕義(参議兼内務卿)・山県有朋(参議兼参謀本部長)、薩摩から黒田清隆(参議兼開拓長官)・松方正義(参議兼大蔵卿)・大山巌《いわお》(参議兼陸軍卿)・川村純義《すみよし》(参議兼海軍卿)・西郷従道(参議兼農商務卿)、土佐から福岡孝弟《ふくおかたかちか》(参議兼文部卿)・佐佐木高行《たかゆき》(参議兼工部卿)、肥前から大木喬任《たかとう》(参議兼司法卿)が名を連ねた。

薩長の両グループの影響力がこれまで以上に増したことは一目瞭然《いちもくりょうぜん》であろう。佐佐木の入閣は、中正党の抱え込みという意図があると思われる。なお、薩摩グループの寺島宗則《むねのり》が参議から元老院議長に転任した。

伊藤が考案した内閣制度改革には、元老院改革もあった。さらに、内閣改造と同時に、太政官中の法制・会計・軍事・内務・司法・外務の六部が廃止され、参事院が新設された。これらを追っていこう。

元老院改革の行方

佐佐木高行は、明治一四年の政変を「薩長ノ団結ニナリタル形」となり、「甚ダ遺憾」であると憤慨した（『保古飛呂比』一〇）。これに対して、中正党への歩み寄りをみせていた伊藤博文は、「元老院ヲ改正シテ、議官ハ華族ヨリ成リ立チ、議官ヲ増員ノ見込」であると語り、元老院改革への意気込みを示した。

この伊藤の表明は、パフォーマンスであったとは考えにくい。事実、大隈の追放などを決定した一〇月一一日の御前会議では、将来の上院とすべく、元老院の「組織ヲ一変シ、之ヲ更張《こうちょう》ス」る旨の奏請書を提出している。

しかし、元老院側としては、伊藤の言葉を額面どおりに受け取れなかった。それは、政変により新設された「参事院」の存在があったからである。

内閣改造が発表された一〇月二一日、太政官中の六部（法制・会計・軍事・内務・司法・外務）が廃止となり、参事院が新設された。参事院は、法案等の起草・審査、地方官と地方議会との間の調整といった立法事務・行政事務を担ったほか、元老院に対する優越的権限も与えられた。

参事院の設立には、伊藤や井上毅が大きく関与している。フランスのコンセイユ・デタをモデルとし、来たるべき議会に対して、政府の立法的権能を高めようとする意図があった。伊藤は参事院議長に、井上は参事院議官にそれぞれ就任した。このことも、参事院の強い存在感を示していよう。なお、参事院はその権限の大きさゆえに、政府内で厄介視され、次第に形骸化《けいがいか》することとなる。

さて、政変後に新たに元老院議長となった寺島宗則のもと、元老院は権限強化を求める意見書を提出した。佐佐木も、三条実美《さねとみ》と岩倉具視を訪れ、直接元老院改革を訴えた。岩倉は、三条や伊藤が「意外之配慮」をしていることから、元老院改革に一定の理解を示した(「大木喬任関係文書」)。

その後も、伊藤と佐佐木との間で、元老院改革論議が重ねられた。両者の間には違いもあったが、元老院を将来の上院とすべく、皇族や華族を元老院議官とする点では一致していた。そのため、華族制度改革が、元老院改革に先立つものとして、重要度を増すこととなったのである。

華族制度改革の行方

伊藤博文と佐佐木高行は、岩倉具視に華族制度改革を訴えた。具体的には、公・侯・伯・子・男からなる爵位の設定、国家に功労ある士族や平民が構成する新華族創設の二点を主張したのである。

しかし岩倉は、首肯しなかった。従来の華族で子爵や男爵に叙せられる者もいれば、士族・

平民から新華族となり伯爵に叙せられる者もいるだろう。そうなれば、不平が出ることは容易に想像でき、これに苦慮してしまうという主張であった。伊藤は佐佐木に、「イツモ姑息《こそく》ノ論ニ困卻《こんきゃく》ス」と嘆いたという（『保古飛呂比』一〇）。

そもそも岩倉には、伊藤らと比べれば、皇族・華族・士族・平民という社会的差異を重視する保守的な一面があった。つまり、新華族そのものが岩倉の構想外であったのである。もっとも、岩倉としても、伊藤らの主張する華族制度改革に賛同できない真っ当な理由があった。それは、華族の現状に起因する。

第一章で紹介したように、明治一二年二月、華族の学力不足や生活の腐敗ぶりを嘆いた福沢諭吉は、彼らにその「名望」を生かせる軍人になることを期待し、「華族を武辺に導くの説」と題する建白を提出した。岩倉はこれに賛同し、華族の各族管長に示したのであった。

華族の現状を嘆いた岩倉は、伊藤らの主張する華族制度改革が断行されれば、人びとの「笑ヲ来ス」ばかりでなく、「怨ヲ請」けることを「確信」していた（『井上毅伝』史料篇五）。そのため、岩倉が華族制度改革に同意することはなかった。結果として、元老院改革も棚上げされた。

なお、明治一七年七月、華族令が公布された。公・侯・伯・子・男の五つの爵位が設けられた。また、旧公卿《くぎょう》や旧大名に加え、国家に功労ある者も華族に列せられることとなった。明治一六年七月に岩倉がこの世を去って、一年後のことである。

黒田清隆と開拓使

さて、黒田清隆である。開拓使の官有物の払下げはかなわず、大隈重信への不信感を募らせて、政府からの追放に一役買った黒田。一〇月二一日の内閣改造でも、参議兼開拓長官に留まった。その後の黒田を追うこととしよう。

明治一四年の政変の結果、開拓使の官有物払下げは見送られた。政変後の一〇月二四日、黒田は「今暫《しばら》クノ年間」、開拓使を延長する提案を行った（「三条実美関係文書」）。黒田としては、自説の払下げを取り下げた以上、この提案を押しとおせると考えたのであろう。

しかし、これには閣内から異論が出た。そもそも、開拓使は一〇年計画に基づき、廃止が決定事項である。国会開設の勅諭により世論からの政府批判をようやく抑え込んだものの、開拓使の廃止を覆せば、それが再燃するのではないか、という理由である。さらに、西郷従道や松方正義、大山巌、樺山資紀といった薩摩グループの面々が、黒田に開拓使廃止を説得した。

黒田は、自らの影響力低下を実感する。ならば、薩摩グループの領袖《りょうしゅう》という立場を賭するほかない。

これに対して、参議兼開拓長官を辞任する意向を示したのである。岩倉具視に、「開拓使延期ヨリ他策ナシ」という認識を示したのである（『保古飛呂比』一〇）。とはいえ、一一月二九日、伊藤は黒田への説得を試みた。説得は、六時間近くに及んだものの、黒田は「政府に不居《おらざる》方可然《しかるべき》抔《など》」、つまり自分は政府にいない方がいいと返答し、辞意を撤回しなかった（『公爵松方正義伝』乾）。

これを受けて、開拓使の存続に「最モ同意致シ兼ネ候」と反対していた井上馨が黒田の説得に当たる（『保古飛呂比』一〇）。しかし、なおも黒田は態度を軟化させなかった。

一二月一日、井上・品川《しながわ》弥二郎《やじろう》ら長州グループと、西郷や松方・大山ら薩摩グループによる会合が開かれた。薩摩グループでは、開拓使の廃止を見送るべきではない、という声が大勢を占めた。西郷にいたっては、黒田が辞職しても「懸念は無之《これなし》」と語ったという（『伊藤博文関係文書』二）。

また、この場で、黒田に開拓使の廃止に合わせて内閣顧問への就任を要請し、これが聞き入れられなければ黒田の辞任も致し方なし、との方針が定められた。内閣顧問は、明治六年政変後に不満を漏らした島津久光《ひさみつ》や、体調を崩した木戸孝允が就任した役職である。実質的な閑職であり、黒田の棚上げに他ならなかった。

一二月二八日、黒田は参議兼開拓長官の辞表を提出する。しかし、明治天皇がこれを引き止めた。翌年一月一一日、「聖断」を受けた黒田は、一転内閣顧問に就任し、陸軍中将も留任となった。

黒田も、明治一四年の政変の敗者であった。野に下りながら、立憲改進党という勢力を得た大隈と比べれば、薩摩グループ内の求心力を失った黒田の方が甚大なダメージを受けた、との見方も可能である。

他方で、この黒田の敗北は、伊藤の勝利を一層際立たせる。伊藤は、薩長藩閥の連携により明治政府の基盤を強化し、議会開設に向かおうと考えていた。黒田を野に放つことは得策ではない。とはいえ、黒田が再び議会開設に難色を示すようになれば、これもうまくない。伊藤は、自らが黒田と対立することを回避しながら、結果として黒田の棚上げに成功したのである。

これが伊藤の筋書きであったかはわからない。後述するように、政変に勝利した伊藤であっても、その心労は相当なものであった。

なお、明治一五年四月二四日、開拓使官有物を公売にかけず、官で経営することが発表された。明治一四年七月末に勃発した開拓使官有物払下げ事件は、ここに幕を下ろしたのである。

大隈財政から松方財政へ

明治一四年の政変により、日本の財政は一変した。いわゆる大隈財政から松方財政への転換である。

本書でもここまでみてきたように、松方正義は、薩摩出身でありながら、大久保利通以来薩摩グループの看板であった積極財政に否定的な人物であった。

ただし、松方は大久保以来の勧業政策に消極的であったわけではない。大久保や大隈重信は、兌換《だかん》制度を放棄し、不換紙幣の増発により勧業政策を推進しようと考えた。対して松方は、兌換制度を確立し、海外為替資金を供給することが勧業政策の推進につながると考えていた。

このような構想を持つ松方は、西南戦争後の明治一一年、パリ万博を訪れた。フランスの大蔵大臣レオン・セーとの交流のなかで、金本位採用と中央銀行を中心とする統一的な近代的通貨信用制度の重要性を説かれた。松方は、中央銀行を設立することで、低利の資金供給と兌換制度の確立が達成できると考えるにいたった。

政変による大隈の下野は、結果として大隈財政の失敗も意味した。黒田の政治的影響力も低下し、新たに大蔵卿となった松方が、イニシアチブを握れる状況が生まれたのである。

松方は、不換紙幣を回収し、正貨《せいか》を蓄積することが最優先であると考えた。外債に依存せず、中央銀行の主導による金融システムの整備を行う。同時に銀本位制度も確立することで、近代的財政・金融制度の確立を志向したのである。

ただし、紙幣整理はデフレーションを招く。デフレにより、各省の予算の削減や国民からの批判も予想されることから、洋の東西を問わず、これに賛同する政治指導者は少ない。そこで松方は、明治天皇に拝謁し、自らの財政政策への支持を取りつけた。これにより、閣内からの反対を抑え、不退転の決意で紙幣整理を行うことのコンセンサスを得たのである。

もっとも、松方が予想していたように、一連の政策が引き起こしたデフレは深刻なものであった。松方デフレと称される明治一五年から一八年にかけてのデフレは、特に農村部に多大な打撃を与えた。自由民権運動の激化事件の要因の一つであるとの見方もある。デフレの結果、自由党は資金不足に陥り、明治一七年一〇月に解党となった。

明治一五年六月、日本銀行条例が公布され、日本銀行が設立された。明治一八年一二月の松方の初代大蔵大臣就任に前後して、五月に日本銀行が銀貨兌換の日本銀行券を発行し、翌年一月には政府紙幣の銀貨兌換が開始された。

松方財政の結果、紙幣整理は成し遂げられ、近代的な幣制が確立したのである。

なお、大隈とて、紙幣整理や中央銀行設立を考案していなかったわけではない。大隈財政の末期には、大隈も具体的な用意をしていた。大隈財政と松方財政の二項対立で捉えることは避けねばなるまい。ただし、政府内に不退転の決意を固めさせるという松方の政治的手法なしに、紙幣整理が成し遂げられたかは定かでない。

寺島宗則の提案

さて、元老院や開拓使の今後について紛糾していた明治一四年一一月六日、元老院議長の寺島宗則が右大臣の岩倉具視宛に一つの意見書を提出した。それは、次のような内容であった。九年後の議会開設が宣言されたため、立法権に関する調査が必要となる。今後、参事院がその中心となることから、参議兼参事院議長の伊藤博文を一年ほど欧州に派遣してはどうか。

具体的にみていこう。議会開設とは、「従来ノ政風ヲ一変シ」、「国歩ヲ進ムルノ事業ヲ創立スル」ということである（以下、引用は『寺島宗則関係資料集』上）。議会はイギリスにはじまったが、各国の風習や国民性が考慮されており、その権限も多様である。「古今未曾《みぞう》有ナル事業ノ創始」であるため、四、五名の担当者を西洋に派遣し、じっくりと調査に当たらせる必要がある。

寺島は、立法府と行政府の関係性がきわめて重要であると述べる。しかし、日本国内では、ことさらに行政府を批判する傾向がみられる。議会開設後も、両者の権限争いが勃発するであろう。そこで調査後はまず、元老院章程を修正し、試行した上で、民選議院の設立に取り掛かることが妥当であろう。

後述するように、伊藤は欧州での憲法調査で、立法府から自律した行政府の重要性を学ぶ。その意味では、寺島の意見書は、彼の慧眼《けいがん》を示していよう。

もっとも、寺島の真意がどこにあったのかは定かでない。寺島の立憲政体に関する意見書は発見されておらず、意見書を提出していないと思われる。また、寺島はのちに、議会が日本に有用であるか否か、この時点では回答を導き出せていなかったと語っている。

寺島には、議会開設に後ろ向きな姿勢が垣間みられるのである。明治一四年一〇月二一日の内閣改造で、寺島が参議を解任され、元老院議長専任となった背景には、寺島のこのような姿勢があった可能性もある。

一方で寺島は、伊藤の欧州派遣を訴えるとともに、自らの駐米公使への転任も願い出た。寺島はこれを押しとおし、明治一五年七月に「憲法及び制度を攻究」するためのアメリカ派遣が決定した（『明治天皇紀』五）。

九月に日本を発った寺島は、実際に議会や憲法に関する書物を読み漁った。伊藤や山県有朋にその成果を書き送ったものの、どの程度耳を傾けられたかは不明である。寺島としては、伊藤との関係を修復するとともに、自らも議会開設に関与する余地を残したかったのであろうか。

寺島の真意は不明だが、伊藤の欧州派遣を謳う意見書は採用されることとなる。その経緯を追うこととしよう。

伊藤の欧州派遣

ここまでにみてきたように、明治一四年の政変前後、明治政府内における伊藤博文の位置づけは、確かに高まった。その伊藤を、憲法調査のためとはいえ、欧州に派遣しようという選択が、なぜ採られたのであろうか。

当初、伊藤の欧州派遣には、政府内外で懸念の声があがっていた。政府内の調整に一役買った人物が井上馨であった。

一一月二三日、井上は、佐佐木高行・大木喬任・福岡孝弟の三参議に、こう語ったという。議会開設は「立憲政体ノ美事」であるものの、「弊害」も多い（以下、『保古飛呂比』一一）。そこで、伊藤を一年ほど欧州に派遣し、憲法調査に当たらせてはどうか。

ここまでは、寺島の意見書と同様である。井上の話は、こう続く。最近の伊藤は、「神経症」を患い、「毎夜不眠、酒一升モ呑《の》ミテ、漸《ようや》ク寝ニ就ク」という状態である。一年の渡欧は、この意味でも「好都合」である。

つまり、伊藤を渡欧させる目的は、議会開設に向けた憲法調査ばかりでなく、療養の意味も持つ、というのである。

井上の伊藤への心配は、事実であったと思われる。明治一五年一月一一日、井上は、「飲酒は屹度《きっと》御慎」むよう、伊藤に書き送った（『伊藤博文関係文書』一）。伊藤が日本を発ったのちの四月六日には、「追々飲酒も相減し活発なる大海之空気」に触れることで、「御病気も随《したが》って快壮に復」するだろうという書簡を宛てた（『伊藤博文関係文書』一）。

佐佐木によれば、明治一五年二月、伊藤は諸改革が思うように進まないなかで、こう語ったという。大久保利通の存命時は、大久保さえ納得すれば、他の参議も異論を挟まず、明治政府内の合意形成も容易であった。しかし、いまは多くの意見が出され、なかなかまとまらない。自分が「調和家トナリテ漸ク」ことが運ぶのが実態である（『保古飛呂比』一一）。

以上から、伊藤が心身のバランスを崩したことは、確かであったと考えられる。また、議会開設・憲法制定という国家の命運を握る一大事業であるゆえ、その調査を官僚のみに任せるわけにもいかなかったであろう。伊藤自身にも、その主導権を手放す選択肢はなかった。

結局、三条実美・有栖川宮熾仁親王・岩倉具視の三大臣が伊藤の渡欧に首肯したことから、他の参議も同意するにいたった。かくして三月三日、伊藤に憲法調査のための渡欧命令が下ったのである。

伊藤の憲法調査

明治一五年三月一四日、伊藤博文は、伊東巳代治《みよじ》や西園寺公望《さいおんじきんもち》らを連れて、横浜を発った。五月一六日にベルリンに到着した伊藤は、駐独公使の青木周蔵《しゅうぞう》の周旋により、早速一九日、ベルリン大学のグナイストと面会した。意気軒昂《いきけんこう》な伊藤に対して、グナイストは冷淡であった。憲法は単なる法文ではなく、精神であり国家の能力であると考えるグナイストは、極東の小国に過ぎない日本が立憲政体を導入することに懐疑的であったのである。

実際の講義は、弟子のモッセが担当した。もっとも、伊藤は英語こそ堪能であったが、ドイツ語に精通していない。必然的に、講義は通訳を介したものとなり、伊藤の理解はなかなか深まらなかった。伊藤自身、ドイツ語の講義を理解することが極めて「困難」であると漏らしている（『続伊藤博文秘録』）。

ドイツでの講義が夏季休暇に入ると、八月八日に伊藤はウィーン大学のシュタインを訪ねた。シュタインとの出会いが、伊藤の状況を一変させる。

シュタインは、伊藤を歓待した。英語も堪能であった。シュタインは伊藤に、「行政」に対する考え方が立憲政体のありようを左右すると説いた。イギリス、フランス、ドイツの違いも、ここに起因するという。伊藤は、シュタインの言説に「感格ヲ興起」させられた（『伊藤博文秘録』）。

八月一一日、伊藤は岩倉具視に次のような書簡を宛てた。すなわち、著名な学者であるグナイストとシュタインに師事することができ、「国家組織の大体を了解」した。西洋の過激な自由主義思想を展開する自由民権運動に対しても、「之を挽回するの道理と手段」を得た（『伊藤博文伝』中）。

シュタインによる本格的な講義は未だ始まっておらず、開始されるのは九月一八日である。にもかかわらず、伊藤は自信に満ちた書簡を送ったのである。これをどう解釈すべきか。明治一四年の政変の結果、伊藤は議会開設の主導権を握ったものの、ドイツでは鬱屈《うっくつ》とした日々が続いた。こうしたなかでシュタインと出会い、シュタインによる講義であれば議会や憲法への理解を深められる、という確信を得たのかもしれない。

また、伊藤なりのパフォーマンスもあろう。当時著名ではなかったモッセの名は伏せ、グナイストとシュタインの名をあげて、自らの調査が成功すると明治政府内にアピールしたのではないか。議会開設や憲法制定の主導権を確固たるものにしたかったのであろう。

シュタインの講義は、欧州の憲法の逐条的解説ではなく、立憲政体の国家像と国家運営のあり方に及んだ。これこそ、伊藤の望むものであった。憲法という法文を作成するのみであれば、政治家である伊藤が渡欧するまでもなく、官僚に任せればよかった。伊藤としては、立憲国家の全体像をつかむ必要があったのである。

伊藤はシュタインから、行政府が高い自律性を確保し、議会や君主から過度な影響を受けないようにすることが重要であると学んだ。国民の政治参加は肝要であるが、国民の利害関心に左右される議会政治は極めて不安定なものでもある。

また、君主にも同様の指摘が可能である。君主は立法府や行政府に対して、実質的な権限を持たないことが前提とされた。いわゆる君主機関説である。そのため、行政府こそが「邦国ノ生命ヲ主持スルノ機関」であり、社会の秩序維持に貢献できる、と説かれるのである（「大博士斯丁氏講義筆記」)。

伊藤は、ベルギーやイギリス、フランスなどもめぐり、明治一六年八月三日に帰国した。憲法制定を前に、政府内のイニシアチブを握り、自由民権グループへも対抗できる理論武装をできた、という自信を持っての帰国であった。

シュタインと福沢諭吉

なぜ、シュタインは伊藤博文を歓待したのであろうか。

シュタインは、大学者として欧州で名を馳せた人物であるが、伊藤が訪れた当時の欧州学界では、シュタインの学風は時代遅れであると認識されていた。シュタインとしても、ここに忸《じく》怩《じ》たる思いがあった。

他方で、オーストリアの日本公使館で勤務していた面々が、シュタインの講義を受けていた。両者の間には、伊藤の訪問前から深い信頼関係が構築されていたのである。

シュタインが日本に関心を寄せていた要因には、福沢諭吉の存在もあった。

日本公使館との交流のなかで日本への関心を高めたシュタインは、横浜で刊行されていた英字新聞“The Japan Weekly Mail”を読んでいた。明治一四年一一月から翌年一月にかけて、同紙に福沢の『時事小言《じじしょうげん》』の詳細が連載された。

『時事小言』は、明治一四年一〇月に日本で刊行されたものである。福沢はこのなかで、日本がイギリス流の議院内閣制を採用し、官民の調和を図ることで、厳しい国際社会での競争を勝ち抜いていくべきだと説いた。

『時事小言』に接したシュタインは、これを絶賛する。『時事小言』が欧州で翻訳されれば、「日本国ノ名声ヲ世界ニ発揚スル」であろうとの書簡を福沢に宛てた（以下、引用は『時事新報』六月二日付）。福沢もこれを喜んだようで、明治一五年六月二日付の『時事新報』に、シュタインの書簡を掲載した。伊藤がシュタインの知己を得る二カ月以上前のことである。

シュタインは、福沢宛の書簡のなかで、「余ハ此頃日本法律ノ歴史及ヒ其政体研究ニ従事セリ」と述べた。また、「日本人民ノ声誉ヲ伝播《でんぱ》スルノ一助」となれば、望外の幸せである、とも記した。

伊藤にとってのシュタインがそうであったように、シュタインにとっても伊藤の来訪は渡りに船であった。明治一四年の政変で伊藤に敗れる形となった福沢が、両者を結びつける一因となったのである。

歴史の皮肉であろうか。はたまた、伊藤の運の強さといえようか。

帰国後の伊藤博文

さて、欧州から帰国した伊藤博文は、議会開設と憲法制定を主導する。もっとも、欧州で得た知見を踏まえ、即座に議会開設の準備を進めたわけではない。

明治一七年三月二一日、伊藤は参議と宮内卿を兼任すると、宮中改革に取り組んだ。いわゆる「宮中・府中の別」を確立すべく、職務の機能分化、能力に基づく人材登用、天皇の政治的言動の機密化などを実行した。

同年七月七日に華族令が制定されたことは、すでに述べたとおりである。伊藤は、井上馨・山県有朋・黒田清隆・西郷従道らとともに、伯爵を叙爵した。

続いて伊藤は、自律した行政府の確立のため、太政官制の見直しに取り掛かる。明治一八年一二月二二日、内閣制度が創設された。太政官制下にあった三大臣や参議は廃止され、国務大臣が責任を持って国政を運営することとなった。

同日には、内閣職権も公布された。総理大臣が行政全体を統括することとなった。伊藤が初代総理大臣に就任したことは、周知のとおりである。

明治一九年三月二日、帝国大学令が公布された。行政府を支える人材の育成システムの構築が、その目的である。翌年七月、文官試験が改革され、キャリア官僚の養成・登用体系が確立された。

一連の改革を経て、伊藤がいよいよ憲法制定に向けて具体的に動き出したのは、ようやく明治一九年後半のことであった。明治一四年の政変の結果、設定された明治二三年という議会開設の時期は、図らずも絶妙なものとなった。

政変後の井上毅

伊藤博文に加えて井上毅も、明治一四年の政変のまぎれもない勝者であった。明治一三年後半より、琉球処分の解決に当たったものの、これに失敗した井上は、辞職すら考える状況であった。政変により汚名返上に成功すると、議会開設・憲法制定のみならず、教育勅語や地方自治制などの重要施策に関与し、その政治的地位を高めたのである。

もっとも、井上毅を明治一四年の政変のフィクサーたらしめた要因は、自身の汚名返上を狙ったばかりではない。井上なりの危機感があった。

政治学者の松沢弘陽《まつざわひろあき》氏は、このように述べる。〝井上は福沢の巨大な影響力を恐れた。それは福沢たちが唱える立憲体制の構想の影響力に限らず、福沢の言説一般の「人心」へのアピールへの恐れであった〟（『福沢諭吉集』）。

井上は、議会政治を安定的に運営するためには、人びとの支持が不可欠であると考えた。しかし、同時に、在野の自由民権グループや地方政治の混乱を踏まえれば、政党による権力闘争は、何よりも避けねばならないものであった。

このように考える井上にとって、「人心」への強い影響力を持ち、イギリス流の議院内閣制の採用を主張する福沢諭吉は、最大の政敵であった。だからこそ、政変後も福沢への警戒を緩めなかった。

明治一四年一一月、井上は「人心教導意見案」をまとめた。井上は、学習意欲の旺盛《おうせい》な青年層が、地方での中等学校の不足により東京に集まり、そこで「福沢ノ門」をくぐり「政談ノ淵叢《えんそう》」となることで、民権熱が高揚すると説く（『井上毅伝』史料篇一）。そのため、彼らの熱意を政治ではなく、実業に向けさせることを提案した。そして政変後、教育現場から福沢の著作が締め出されたのである。

井上による福沢への警戒は、なおも続く。明治一五年一一月、伊藤に対して、「三田之先生」、すなわち福沢が官民調和論を唱え、多くの者がそれに「心酔」する状況に警鐘を鳴らした。井上にとって、福沢の官民調和論は、「英国政体論ヲ、巧《たくみ》ニ換骨奪胎《かんこつだったい》したるもの」であったからである（『井上毅伝』史料篇四）。

明治一六年一二月、徴兵令が改正された。それまで、慶応義塾は徴兵免除の特典を得ていたものの、これが廃止された。しかし、官立公立学校には、徴兵猶予が認められたのである。福沢らは、同様の特典を私学にも適用するよう主張していたが、これは聞き入れられなかった。徴兵に関する特典の喪失により、慶応義塾や東京専門学校をはじめとする多くの私立学校は、経営危機に陥った。たとえば慶応義塾では、六〇〇名近くいた学生のうち、一〇〇名あまりが退学したという。

ここに、井上毅が関与したことを示す史料は、管見の限り存在しない。ただし、ようやく慶応義塾に徴兵猶予の特典が与えられたのは、明治二九年九月――井上毅が没した翌年のことであった。

明治一七年一月には、文部省達第二号として中学校通則が公布され、官公立中学校や師範学校の管理職を師範学校出身者に限ることとなった。当時、学校長や教頭に多かった慶応義塾出身者が、はじき出されたのである。

文部省による私学冷遇政策は、明治一四年の政変の、もう一つの帰結であった。

終章

再・「最も肝要なる時間」
――明治一〇年代という時代

「不思議なる」政変

かくして、大久保利通《としみち》が「最も肝要なる時間」と位置づけた明治一〇年代は、過ぎていった。その転換点であった明治一四年の政変の結果、大隈重信《しげのぶ》が政府を去り、開拓使官有物の払下げが中止され、そして国会開設の勅諭が下された。

政変直後の明治一四年（一八八二）一〇月一四日、『朝野新聞《ちょうや》』は次のように報じた。「開拓使の一件ハ御取消になりて黒田参議ハ依然として内閣に立ち大隈参議ハ国会の建言開拓の持論も御採用にて却て辞職を許されしハ不思議なる事と一般の風評」。つまり、払下げの中止と国会開設の勅諭という結果は、黒田清隆《きよたか》が望まなかったものであり、大隈が望んだものであった。にもかかわらず、黒田は政府に残り、大隈は政府から去った。これはなんとも「不思議なる事」であるという。

大隈がどの程度払下げに反対であったかは定かでなく、議会開設も大隈ばかりが望んだわけではない。とはいえ、『朝野新聞』の報道には、なるほど頷かせられる面もある。本書を擱筆《かくひつ》するにあたり、明治一四年の政変という「不思議なる」政変を、いま一度振り返っておこう。

政変にいたった政治状況

維新の三傑の死ではじまった明治一〇年代。明治政府の面々は、権力バランスや己の重視する政策に躍起となった。大隈重信は、西南戦争後のインフレへの対応を迫られた。打開策は見出せなかったものの、彼の標榜《ひょうぼう》する積極財政は、勧業政策を推進し、開拓使に傾注しようとする黒田清隆と親和的であった。

長州グループの伊藤博文《ひろぶみ》は、内務卿に収まった。財政には柔軟な姿勢をみせつつも、緊縮財政派の井上馨《かおる》の政府復帰を後押しした。一方で、大隈との連携も継続しており、薩摩グループにも配慮を欠かさなかった。

岩倉具視《ともみ》も、維新の三傑の死に頭を抱えた一人であろう。明治期には、多くの有力者たちがときに辞意をちらつかせ、ときに辞職し、政治的駆け引きを繰り広げた。しかし岩倉は、右大臣という立場上、そのようなカードは切りにくい。必然的に、明治政府の維持、政府内の調和を重視することとなる。

大久保利通という強烈なリーダーシップを失ったあとも、政府内では、辛《から》くも権力の均衡状態が保たれていた。宮中グループの台頭にも、薩長の提携により対抗した。しかし、インフレが続く状況が、変化をもたらす。藩閥という後ろ盾が弱い大隈は、「実力」をみせ続けることが必要であったものの、インフレを抑えられずに焦りを募らせた。積極財政から緊縮財政に転換するとなると、それまでの大隈財政は否定され、殖産興業の推進にも水を差す。これは、大隈のみならず、黒田にも致命的であった。彼らは外債募集などを打ち出すも、その危険性の高さゆえ、政府内に論争を巻き起こし、権力の均衡は徐々に崩れていく。

在野では、豪農層がインフレにより富裕化し、政治への関心を高めた。自由民権グループは彼らを取り込み、議会開設要求を活性化させた。福沢諭吉《ゆきち》が「国会年」になるであろうと予測した明治一三年、自由民権グループの要求は、議会開設から憲法制定へと質的変化を遂げた。具体的な憲法案が相次いで起草されたのである。

これに機敏に反応したのが伊藤であった。議会の開設は、政治の仕組みを根本的に変化させる。憲法制定は、その制度設計と同義である。伊藤としては、その主導権を譲るわけにはいかなかった。伊藤が、具体的な議会像を描けていたのかは定かでない。さはさりながら、伊藤の政治的嗅覚は、政府が議会開設にいち早く動き出すことが重要であることを嗅《か》ぎ取った。明治一三年一二月に立憲政体に関する意見書を提出し、岩倉らに議会開設に向けて動き出すよう求めたのである。

しかし、薩摩グループの領袖《りょうしゅう》である黒田は、思うように財政路線が定まらない状況に苛立《いらだ》ちを募らせ、議会開設に頑《かたく》なになった。岩倉も、財政論に右往左往した。政府内では、議会開設が棚上げされたのである。

伊藤は、かかる状況を受け、大隈、井上という開明派参議と連携するとともに、発信力のある福沢諭吉に触手を伸ばした。政府機関紙の編集責任者を依頼したのである。伊藤としては、世論を上手《うま》くコントロールし、政府が議会開設へと舵《かじ》を切る状況を生み出そうとしたのであろう。

なお、福沢は、早期の議会開設や積極財政を志向しており、以前から大隈と良好な関係を築いていた。大隈も、福沢の門下生を官僚に積極的に登用した。大隈系官僚と呼ばれる若き俊英たちは、福沢門下生が多く、「実力」を求める大隈の志向に合致していたのである。

政変の実相

こうした状況のなか、明治一四年を迎えた。伊藤博文は、井上馨、大隈重信との連携により、議会開設に向けて黒田清隆への説得を試みた。伊藤、井上、大隈の三参議は、議会開設に向けて動き出す、という点では一致していた。しかし、大隈としては、薩摩・長州の両グループの連携が強まれば、自らの存在を埋没させないためにも、これまで以上に「実力」をみせ続けるほかない。熱海《あたみ》会議は、大隈が自身の財政政策の行き詰まりに焦り、財政論を持ち出したためにまとまらず、伊藤の思惑は頓挫《とんざ》した。

伊藤としては、議会開設のみならず、参議省卿分離などの政体改革も思うように進まなかった。大隈にも立憲政体に関する意見書を提出する様子がみられず、伊藤は苛立ちを募らせた。

ところが三月、大隈は、イギリス流の議院内閣制を採用し、即座の議会開設を主張する意見書を密奏した。それは、福沢諭吉の議会論と合致するものであった。大隈は、積極財政を維持するためにも、福沢との連携を重視した。ただし、これまでに各参議が提出した意見書では、すべてに財政論が盛り込まれていたが、大隈はこれを控え、かつ密奏とした。大隈は、伊藤との連携も重視しており、この時点での財政論議を望まなかったのである。

おそらく、大隈の意見書に最も驚愕《きょうがく》した人物は、井上毅《こわし》であった。井上は、日本が立憲政体を樹立するにあたり、ドイツを範とすべきであると考えており、イギリス流を志向し、発信力のある福沢を恐れていた。福沢の主張と瓜二つの大隈の意見書に対し、大きな危機感を持った。議院内閣制が採用されれば、現行の政府の面々がすべて野に下ることもありうる。このような警鐘は、現政権の維持に苦心していた岩倉具視に響いた。岩倉も井上も、ドイツ流の憲法を制定すべく、伊藤を急《せ》き立てたのである。

伊藤はこれまで、薩摩グループにも、在野の動向にも配慮しつつ、政府が議会開設に向けて具体的に動き出すよう悪戦苦闘してきた。大隈の意見書の内容や密奏という形式はいうまでもなく、それに狼狽《ろうばい》する岩倉や井上にも「驚愕」した。伊藤は、辞任というカードをみせることで、この事態を利用する。

岩倉も井上も、伊藤に議会開設を主導するよう望んだ。伊藤は即座にこれを受けることはせず、大隈の積極財政論を支持し、開拓使の息のかかった北海社に官有物を払い下げようとする黒田に異論を挟まなかった。伊藤は、大隈・黒田に花を持たせることで政府内の調和を図り、自らが議会開設・憲法制定の主導権を握る――はずだった。

開拓使官有物の払下げがスクープされると、政府内に激震が走った。新聞メディアは、薩長藩閥批判を展開し、大隈を英雄視した。さながら、西南戦争の際の西郷隆盛《たかもり》のようであった。大隈が福沢や自由民権グループと結託し、薩長の両グループの打倒を企てている、という大隈陰謀論が政府内に定着するには、さほどの時間を要さなかった。大隈意見書が密奏であったことも、これを手伝った。

事態を収束させるには、払下げを中止せざるを得ない。これを黒田に納得させるには、陰謀を企てたと疑われる大隈を政府から追放させるほかない。しかし、それでは世論が承知しないであろう。議会の開設を謳《うた》わねばならない。

かくして、明治一四年の政変へといたった。

政変の淵源

そもそも、明治一四年の政変の直接的引き金は、何であったのか。これまでの研究では、大隈重信の意見書や開拓使官有物払下げ事件を根拠とした大隈陰謀論が政府内に流布したことがあげられてきた。これを改めて考えてみよう。

大隈が伊藤博文らを出し抜こうとして意見書を密奏としたことも、井上毅がその影に福沢諭吉をみたことも、大隈が払下げをリークし薩長藩閥を打倒しようとしたことも、いずれも不確かな情報でしかない。大隈陰謀論の背景には、自由民権グループへの警戒もあった。政変後の政府中枢がテロを警戒したことは、その証しである。しかし、自由民権グループは、板垣退助《たいすけ》ら自由党系と大隈系官僚が団結できないなど、一枚岩ではなく、政府を打倒できる状況になかった。

新聞報道も、また同様である。大隈が払下げに反対したことは裏付けがとれておらず、大半の官有物の払下げ先は、関西貿易商会ではなく北海社であった。さらに、関西貿易商会と報じられた、五代友厚《ともあつ》らの新会社の名称は、関西貿易社が正しい。

このように考えると、政変の淵源《えんげん》はいずれも幻影であった。もっとも、これらの幻影は、すべてが虚像であったわけではない。黒田清隆の払下げ案は、自らの影響力を残そうとしたものであり、矢野文雄《ふみお》や小野梓《あずさ》などの大隈系官僚は、自らの政治力の伸長を企図した。井上毅の福沢への警戒は本物であり、岩倉具視や伊藤に職を賭して訴えかけた。

こうした周辺的事情は、幻影の輪郭をはっきりと浮かび上がらせる効果を持った。そして、幻影がさらなる幻影を呼んだのである。岩倉が療養のために京都へ赴き、大隈が明治天皇の東北・北海道巡幸に随行し、黒田もこれに対応するため北海道に渡るなど、明治一四年八月以降、伊藤を含めた彼らが直接顔を合わせる機会が少なかったことも、拍車をかけた。

政変の当事者たちは、幻影に突き動かされて、議会開設の主導権をめぐる政治的アリーナに担ぎ上げられた。本書で述べてきたように、明治一四年の政変には、脚本家がいなかった。大隈、伊藤、井上馨、黒田、岩倉、井上毅、福沢らは、政治的アリーナに登壇する演者の一人であった。彼らのなかには、政治的アリーナに立たされたことに自覚的でなかった者もいよう。しかし、日本国中を熱狂させたそのアリーナからは、終幕を待たずに降りることが、誰にも許されなかった。

こうしたなかにあって、伊藤の演技は巧みであり、しなやかであった。機をみるに敏であった。他方で、福沢は政治の中心におらず、大隈や岩倉、黒田も長く東京を離れていた。そう考えれば、伊藤には運もあった。演技、洞察力、運——「政治」には、これらの要素は欠かせない。

明治一四年の政変により、大隈が政府から追放され、払下げ中止により黒田の政治的影響力は低下し、国会開設の勅諭が発せられた。伊藤の勝利で幕を下ろしたのである。

政変の帰結

得てして、政治的思惑は幻影を生みやすく、その逆もまた真であろう。ゆえに、そもそも政変というものは、幻影が作用していることが多いのかもしれない。もっとも、幻影が生んだ政変であっても、当然のことながら、その帰結は幻影ではない。

政変直後の伊藤博文は、思惑どおりには諸改革が進まず、体調もすぐれなかった。しかし、憲法調査のための渡欧機会を生かし、議会開設と憲法制定を主導した。井上毅もこれに加わり、非西洋諸国ではじめて機能した議会と憲法を作り上げたのである。

財政の主導権は、松方正義《まさよし》のもとに転がり込んだ。財政健全化に舵を切り、近代的な財政・金融制度が確立した。

明治一四年の政変は、これまで大隈重信の政府追放を軸に捉えられてきた。しかし、これらの帰結を踏まえれば、黒田清隆の失脚までを射程に入れることが、政変の政治史的位置づけを確かなものにするために必要であるといえよう。

洋の東西を問わず、また時代も問わず、権力者は「教育」に影響を及ぼしたがるものである。明治政府の面々も、その例外ではない。まして、議会政治という新ルールが導入されれば、新たなプレーヤーの登場は必至である。彼らがいかなる「教育」を受けるかは、議会政治の勝敗を左右しかねない。また、大隈や福沢諭吉が、学校という直接的な教育機関に関与していたことは、伊藤や井上の危機感を煽《あお》った。

伊藤と井上の両者は、議会開設後を見据え、それぞれに学校教育のあり方に関わった。制度設計の主導権を握った伊藤は、帝国大学令の公布という形で。官僚という黒子に徹した井上は、私学冷遇という形で。

先に、明治一四年の政変では、伊藤の巧みでしなやかな演技が卓越していたことを指摘した。伊藤が演じた背景には、薩長両グループの提携によって、明治政府の基盤を強化しようと考えたことがあった。つまるところ、藩閥による政治である。これを、政治の腐敗である、とシニカルに語ることは容易であろう。しかし、実際に政治的アリーナに立った者は、そうしなかった。

明治一五年、大隈率いる立憲改進党系の『郵便報知新聞』は、伊藤の欧州への憲法調査をこう報じた。他の参議よりも政治経験の豊富な伊藤だからこそ、「我国ノ政治ニ一大改革ヲ施シ現今ノ政体ヨリ移リテ立憲ニ赴ク」ための重要な機会を活《い》かせるだろう、と（三月九日付）。

帰国後の伊藤が内閣制度の創設などのさまざまな改革に従事していた明治一九年一月頃、福沢は伊藤について次のように語ったとされる。伊藤がいなければ「未タ今日ノ如キ新規ノ改革ハ行ハレ」なかったであろうし、伊藤以外に「綜理大臣タルノ力量アル人ナシ」（「三島通庸《みちつね》関係文書」）。

大隈も福沢も、個人的感情はどうあれ、政治家としての伊藤を評価したのである。他方で、伊藤の背後にいた井上毅をどのように認識していたかは不明である。福沢にいたっては、井上の存在を把握していなかったように思われる。これは、官僚・井上としての面目躍如であり、彼の政治力の高さでもあった。

明治一四年の政変の結果、議会開設が宣言された。憲法制定をともなう近代日本の一大事業は、伊藤が主導していった。他方で、政変の前後には、政治的リアリズムが凝縮されていたのである。

明治一〇年代は、このような時代であった。

あとがき

他者の一挙手一投足から何かを察することや、発言や仕草の裏面に潜む真意を汲《く》み取ることは、誰もが経験していよう。そう考えると、洞察力の高さや鋭さなどを自負する人は、思いのほか多いのではなかろうか。おそらく、政治に関わる、あるいは関わろうという人は、一層であろうし、生き馬の目を抜くような政界で生き残るためには、必要な能力でもあろう。

しかし、そこに肥大した英雄的気概のような自負心が重なると、どれほどの人物であってもーーたとえそれが後世に語り継がれるほどの大物政治家であってもーー滑稽な存在になってしまうのかもしれない。自らが紡いだ物語の恣意性に気づくことなく、幻影に踊らされていくのである。

こうした現象は、今日でも、政界に限らず一般庶民の日常のなかにも、みられるのではないか。歴史から、むやみに現代的意義を見出す必要はないと考える。けれども、明治一四年の政変から得られる教訓は、意外に少なくないのかもしれない。

筆者が明治一四年の政変に関心を持ったきっかけは、大学一年次に受講した日本政治基礎という講義であった。恩師である寺崎修先生の神色自若とした語りは、政変の背後に潜む極彩色の政治性を浮かび上がらせた。それから今日まで、折に触れて明治一四年の政変を扱ってきた。

集英社インターナショナルの土屋ゆふさんにお会いし、明治一四年の政変をテーマとした新書の依頼を受けたのは、二〇一八年一〇月のことであった。一年ほどで書き上げる旨を返答したように思う。これは、明治一四年の政変を理解しているつもりであったことが大きかった。ところが、真正面から向き合うと、この政変は難物であった。膨大な史料や先行研究を踏まえつつ、どこから書きはじめ、どこで書き終えるべきか、逡巡《しゅんじゅん》が続いた。その結果、明治一〇年代を概観する形となった。読者にとって、また政変にとって、これが最適解であったかどうか、甚だ心もとないが、叱正を乞うばかりである。

一年と見込んだ執筆期間は、二年を超えた。ようやく刊行される二〇二一年は、偶《たま》さか政変から一四〇年という年である。また、並列する次元ではないが、筆者が政変に関心を持ってから二〇年という年でもある。

新書をはじめとする一般書の執筆は、読者想定に迷いがちである。平易に過ぎても、難解に過ぎても、正解ではないだろう。筆者は、二〇年前の自分に向けて書いた。これが功を奏しているか否かも、もはや読者に委ねるほかない。

新型コロナウイルスのことをここに書くべきか、いまも迷いがある。日常が崩れていく日々のなかにあって、多くの方のご理解やご尽力の上に、本書は上梓される。このことを肝に銘じておかねばならない。

本書の企画から編集まで、土屋さんには大変お世話になった。予定どおりに原稿があがらない筆者に対する忍耐と寛容は、どれほどのものであったことか。感謝と陳謝を記して筆を擱く。

二〇二〇年一二月

久保田　哲

参考史料・文献

未公刊史料

・「井上馨関係文書」、「大木喬任関係文書」、「大森鐘一関係文書」、「樺山資紀関係文書」、「三条実美関係文書」、「前田正名関係文書」、「三島通庸関係文書」、「元田永孚関係文書」以上、国立国会図書館憲政資料室所蔵

・「岩倉具視関係文書」、岩倉公旧蹟保存会対岳文庫所蔵

・「勧業課公文録　雑部ノ雑　明治一三年」、「御巡幸関渉書類原稿綴　明治一四年七月」、「取裁録　明治一三年一月」、「上局親展書類　明治一三年ヨリ一四年ニ至ル」、「諸係文移録　明治一三年」、「東京文移録　明治一三年」、「略輯旧開拓使会計書類　第五号第二二四冊ニ分割ノ一」以上、北海道立文書館

・「黒田清隆関係文書」、鹿児島県歴史資料センター黎明館所蔵

・「梧陰文庫」、国学院大学図書館所蔵

・「公文録」、「国会開設の勅諭」、「太政類典」以上、国立公文書館所蔵

公刊史料

・伊藤公全集刊行会編『伊藤公全集』一（昭和出版社、一九二九年）

・伊藤博文関係文書研究会編『伊藤博文関係文書』全九巻（塙書房、一九七三―八一年）

・井上毅伝記編纂委員会編『井上毅伝』史料篇一・四・五（国学院大学図書館、一九六六―七五年）

・大内兵衛・土屋喬雄編『明治前期財政経済史料集成』一（明治文献資料刊行会、一九六二年）

・大久保達正監修『松方正義関係文書』六（大東文化大学東洋研究所、一九八五年）

・霞会館華族資料調査委員会編『東久世通禧日記』下（霞会館、一九九三年）

・木戸孝允関係文書研究会編『木戸孝允関係文書』一―

四（東京大学出版会、二〇〇五—〇九年）
・宮内省臨時帝室編修局編『明治天皇紀』四・五（吉川弘文館、一九七〇・七一年）
・慶応義塾編『福沢諭吉書簡集』二・三・五（岩波書店、二〇〇一年）
・慶応義塾編『福沢諭吉全集』五・一七（岩波書店、一九五九・六一年）
・「公会決議録」庄司吉之助編『日本政社政党発達史——福島県自由民権運動史料を中心として』（御茶の水書房、一九五九年）
・島善高編『元老院国憲按編纂史料』（国書刊行会、二〇〇〇年）
・島内登志衛編『谷干城遺稿』下（靖献社、一九一二年）
・尚友倶楽部山県有朋関係文書編纂委員会編『山県有朋関係文書』全三巻（山川出版社、二〇〇五—〇八年）
・「大博士斯丁氏講義筆記」清水伸『明治憲法制定史』上（原書房、一九七一年）
・高松宮家編『熾仁親王日記』三（一九三五年）
・寺崎修編『福沢諭吉著作集』七（慶応義塾大学出版会、二〇〇三年）
・寺島宗則研究会編『寺島宗則関係資料集』上・下（示人社、一九八七年）
・東京大学史料編纂所編『保古飛呂比　佐佐木高行日記』七—一一（東京大学出版会、一九七五—七九年）
・内閣官報局編『法令全書』（内閣官報局、一八八七—九〇年）
・日本経営史研究所編『五代友厚伝記資料』一・三・四（東洋経済新報社、一九七一—七四年）
・日本史籍協会編『岩倉具視関係文書』全八巻（東京大学出版会、一九六九—八三年）
・日本史籍協会編『大隈重信関係文書』全六巻（東京大学出版会、一九八三—八四年）
・日本史籍協会編『木戸孝允日記』全三巻（東京大学出版会、一九八五年）
・平塚篤編『伊藤博文秘録』（春秋社、一九二九年）
・平塚篤編『続伊藤博文秘録』（春秋社、一九三〇年）

・松枝保二編『大隈侯昔日譚』（報知新聞出版部、一九二二年）
・松崎欣一編『福沢諭吉著作集』一二（慶応義塾大学出版会、二〇〇三年）
・明治文化研究会編『明治文化全集』一〇・正史篇・下（日本評論社、一九六八年）
・元田竹彦・海後宗臣編『元田永孚文書』全三巻（元田文書研究会、一九六九―七〇年）
・早稲田大学社会科学研究所編『大隈文書』全五巻（早稲田大学社会科学研究所、一九五八―六二年）
・早稲田大学大学史資料センター編『大隈重信関係文書』全一一巻（みすず書房、二〇〇四―一五年）
・早稲田大学大学史編集所編『小野梓全集』三・五（早稲田大学出版部、一九八〇・八二年）

新聞

・『時事新報』
・『朝野新聞』
・『東京日日新聞』
・『東京横浜毎日新聞』
・『郵便報知新聞』
・『New York Times』

研究書・研究論文など

・朝吹英二伝編纂会編『朝吹英二君伝』（一九二八年）
・天野嘉子「井上毅文書にみる参事院構想の変容」『法学政治学論究』八〇（二〇〇九年三月）
・天野嘉子「井上毅の参事院構想――コンセイユ・デタの日本的変容」鈴木秀光・高谷知佳・林真貴子・屋敷二郎編『法の流通』（慈学社出版、二〇〇九年）
・家近良樹『西郷隆盛と幕末維新の政局――体調不良問題から見た薩長同盟・征韓論政変』（ミネルヴァ書房、二〇一一年）
・五百旗頭薫『大隈重信と政党政治――複数政党制の起源　明治十四年―大正三年』（東京大学出版会、二〇〇三年）

・五百旗頭薫『条約改正史——法権回復への展望とナショナリズム』(有斐閣、二〇一〇年)
・井黒弥太郎『黒田清隆』(新装版)(吉川弘文館、一九八七年)
・石河幹明『福沢諭吉伝』三(岩波書店、一九三二年)
・板垣退助監修『自由党史』上・中(岩波書店、一九五七・五八年)
・伊藤正雄「福沢諭吉と岡倉天心——九鬼隆一をめぐる両者の立場について」『甲南大学紀要・文学編I 福沢諭吉の研究』(一九六六年)
・伊藤彌彦『維新と人心』(東京大学出版会、一九九九年)
・伊藤之雄『山県有朋——愚直な権力者の生涯』(文藝春秋、二〇〇九年)
・伊藤之雄『伊藤博文——近代日本を創った男』(講談社、二〇〇九年)
・伊藤之雄『大隈重信——「巨人」が夢見たもの』上(中央公論新社、二〇一九年)
・稲田正次『明治憲法成立史』上(有斐閣、一九六〇年)
・犬塚孝明『寺島宗則』(吉川弘文館、一九九〇年)
・猪木武徳「地租米納論と財政整理——一八八〇(明治一三)年八月の政策論争をめぐって」梅村又次・中村隆英編著『松方財政と殖産興業政策』(東京大学出版会、一九八三年)
・梅溪昇「明治一四年の政変と佐佐木高行」『増補版明治前期政治史の研究』(未来社、一九七四年)
・梅村又次「創業期財政政策の発展——井上・大隈・松方」梅村又次・中村隆英編著『松方財政と殖産興業政策』(東京大学出版会、一九八三年)
・大石眞『日本憲法史』(第二版)(有斐閣、二〇〇五年)
・大久保利謙『大久保利謙歴史著作集二　明治国家の形成』(吉川弘文館、一九八六年)
・大久保利謙『大久保利謙歴史著作集三　華族制の創出』(吉川弘文館、一九九三年)
・大隈侯八十五年史編纂会編『大隈侯八十五年史』全三巻(一九二六年)
・大蔵省百年史編集室編『大蔵省百年史』上(一九六九

年）
・小川原正道『西南戦争』（中央公論新社、二〇〇七年）
・小川原正道『福沢諭吉――「官」との闘い』（文藝春秋、二〇一一年）
・刑部芳則『三条実美――孤独の宰相とその一族』（吉川弘文館、二〇一六年）
・尾佐竹猛「福沢先生と明治十四年の政変に関する一史料」『史学』一三―三（一九三四年一一月）
・落合弘樹『西南戦争と西郷隆盛』（吉川弘文館、二〇一三年）
・大日方純夫「一八八一年の政変をめぐる中正派の軌跡」『日本史研究』二〇五（一九七九年九月）
・大日方純夫『自由民権運動と立憲改進党』（早稲田大学出版部、一九九一年）
・大日方純夫「自由民権運動と明治一四年の政変」明治維新史学会編『近代国家の形成』（有志舎、二〇一二年）
・笠原英彦『天皇親政』（中央公論社、一九九五年）
・柏原宏紀『明治の技術官僚』（中央公論新社、二〇一八年）
・勝田孫弥『大久保利通伝』下（同文館、一九一一年）
・勝田孫弥『甲東逸話』（冨山房、一九二八年）
・勝田政治「明治一四年の政変――免官者の政体構想を中心に」『歴史評論』三四八（一九七九年四月）
・勝田政治『内務省と明治国家形成』（吉川弘文館、二〇〇二年）
・勝田政治『小野梓と自由民権』（有志舎、二〇一〇年）
・門松秀樹『開拓使と幕臣――幕末・維新期の行政的連続性』（慶應義塾大学出版会、二〇〇九年）
・姜範錫『明治14年の政変――大隈重信一派が挑んだもの』（朝日選書、一九九一年）
・清沢洌『外政家としての大久保利通』（中公文庫、一九九三年）
・久保田哲『元老院の研究』（慶應義塾大学出版会、二〇一四年）
・久保田哲『帝国議会――西洋の衝撃から誕生までの格闘』（中央公論新社、二〇一八年）

・久保田哲「福沢諭吉と九鬼隆一――もうひとつの明治一四年の政変」樋口州男ら編『歴史の中の人物像――二人の日本史』（小径社、二〇一九年）
・久保田哲「近代日本における『宗教』の変容」『武蔵野学院大学日本総合研究所研究紀要』一六（二〇一九年三月）
・久保田哲「研究史にみる明治一四年の政変と福沢諭吉」『福沢手帖』一八一（二〇一九年六月）
・久保田哲「元老院国憲案に対する政治史的再考」『自由民権』三三（二〇二〇年三月）
・『慶応義塾百年史』上（慶応義塾、一九五八年）
・黒龍会編『西南記伝』中・二（原書房、一九六九年）
・小路田泰直『日本近代都市史研究序説』（柏書房、一九九一年）
・小林和幸『谷干城』（中央公論新社、二〇一一年）
・小林和幸『「国民主義」の時代――明治日本を支えた人々』（ＫＡＤＯＫＡＷＡ、二〇一七年）
・齋藤伸郎「『明治十四年の政変』時退官者の基礎的研究」『国士舘史学』一四（二〇一〇年三月）
・齋藤伸郎「矢野文雄と明治一四年の政変」『近代日本研究』三六（二〇二〇年二月）
・齊藤紅葉『木戸孝允と幕末・維新――急進的集権化と「開化」の時代１８３３～１８７７』（京都大学学術出版会、二〇一八年）
・坂本一登『伊藤博文と明治国家形成――「宮中」の制度化と立憲制の導入』（吉川弘文館、一九九一年）
・坂本一登『岩倉具視――幕末維新期の調停者』（山川出版社、二〇一八年）
・坂本多加雄『明治国家の建設１８７１～１８９０』（中央公論社、一九九九年）
・佐々木隆「『官報』創刊と政府系新聞強化問題」『新聞学評論』三三（一九八四年六月）
・佐々木隆『伊藤博文の情報戦略――藩閥政治家たちの攻防』（中央公論新社、一九九九年）
・指原安三『明治政史』五・六（冨山房、一八九二年）
・清水唯一朗『政党と官僚の近代――日本における立

憲統治構造の相克』（藤原書店、二〇〇七年）
・清水唯一朗『近代日本の官僚――維新官僚から学歴エリートへ』（中央公論新社、二〇一三年）
・春畝公追頌会編『伊藤博文伝』中（原書房、一九七〇年）
・ジョージ・アキタ著／荒井孝太郎・坂野潤治訳『明治立憲制と伊藤博文』（東京大学出版会、一九七一年）
・高橋眞司『九鬼隆一の研究――隆一・波津子・周造』（未来社、二〇〇八年）
・瀧井一博『ドイツ国家学と明治国制――シュタイン国家学の軌跡』（ミネルヴァ書房、一九九九年）
・瀧井一博『文明史のなかの明治憲法』（講談社、二〇〇三年）
・瀧井一博『伊藤博文』（中央公論新社、二〇一〇年）
・瀧井一博『明治国家をつくった人びと』（講談社、二〇一三年）
・竹越与三郎『新日本史』上（岩波書店、二〇〇五年）
・多田好問編『岩倉公実記』下（原書房、一九六八年）
・田付茉莉子『五代友厚――富国強兵は「地球上の道理」』（ミネルヴァ書房、二〇一八年）
・寺崎修「徴兵令と慶応義塾」笠原英彦・玉井清編『日本政治の構造と展開』（慶応義塾大学出版会、一九九八年）
・寺崎修「自由民権運動の展開」寺崎修編著『近代日本の政治』（法律文化社、二〇〇六年）
・寺崎修・都倉武之「史料　機密探偵報告書／福沢派の動静ほか」『福沢諭吉年鑑』三一（二〇〇四年一二月）
・徳富猪一郎編『公爵松方正義伝』乾（一九三五年）
・徳富猪一郎編『公爵山県有朋伝』中（一九三三年）
・鳥海靖『日本近代史講義――明治立憲制の形成とその理念』（東京大学出版会、一九八八年）
・内藤一成『三条実美』（中央公論新社、二〇一九年）
・永井秀夫『明治国家形成期の外政と内政』（北海道大学出版会、一九九〇年）
・中野目徹『近代史料学の射程――明治太政官文書研究序説』（弘文堂、二〇〇〇年）
・中元崇智『板垣退助』（中央公論新社、二〇二〇年）

・西川誠「明治一〇年代前半の佐佐木高行グループ」『日本歴史』四八四、一九八九年九月
・服部之聡『服部之聡著作集』四（理論社、一九五五年）
・坂野潤治「『富国』論の政治史的考察」梅村又次・中村隆英編著『松方財政と殖産興業政策』（東京大学出版会、一九八三年）
・福沢諭吉事典編集委員会編『福沢諭吉事典』（慶応義塾大学出版会、二〇一〇年）
・前島密・市島謙吉編『鴻爪痕』（一九二〇年）
・町田明広『薩長同盟論』（人文書院、二〇一八年）
・町田明広『新説　坂本龍馬』（集英社インターナショナル、二〇一九年）
・松尾正人『木戸孝允』（吉川弘文館、二〇〇七年）
・松沢弘陽校注『福沢諭吉集』（岩波書店、二〇一一年）
・松沢裕作『自由民権運動――〈デモクラシー〉の夢と挫折』（岩波書店、二〇一六年）
・真辺将之『大隈重信――民意と統治の相克』（中央公論新社、二〇一七年）
・真辺将之「明治一四年の政変」小林和幸編著『明治史講義【テーマ篇】』（筑摩書房、二〇一八年）
・真辺将之「大隈重信憲法意見書再考」『自由民権』三三（二〇二〇年三月）
・御厨貴『明治国家をつくる――地方経営と首都計画』（藤原書店、二〇〇七年）
・御厨貴『明治史論集――書くことと読むこと』（吉田書店、二〇一七年）
・三村昌司「明治一四年の政変前後における改進党系政治運動と『神戸新報』」『ヒストリア』二二〇（二〇一〇年六月）
・三宅雪嶺『同時代史』二（岩波書店、一九五〇年）
・宮地英敏「北海道開拓使官有物払下げ事件についての再検討――誰が情報をリークしたのか」『経済学研究』八〇－五・六（二〇一四年三月）
・陸奥宗光『伯爵陸奥宗光遺稿』（岩波書店、一九二九年）
・室山義正『松方正義――我に奇策あるに非ず、唯正直あるのみ』（ミネルヴァ書房、二〇〇五年）

・室山義正『近代日本経済の形成――松方財政と明治の国家構想』（千倉書房、二〇一四年）
・望月雅士「明治立憲制の成立と藩閥」由井正臣編『幕末維新期の情報活動と政治構想――宮島誠一郎研究』（梓出版社、二〇〇四年）
・矢田績『福沢先生と自分』（名古屋公衆図書館、一九三三年）
・山下重一「井上毅と沖縄」『南島史学』七三（二〇〇九年三月）
・山室信一『法制官僚の時代――国家の設計と知の歴程』（木鐸社、一九八四年）
・山田徹「井上毅の『大臣責任』観に関する考察――白耳義憲法受容の視点から」『法学会雑誌』四八-二（二〇〇七年一二月）
・山本有造「大隈財政論の本態と擬態――『五千万円外債案』を中心に」梅村又次・中村隆英編著『松方財政と殖産興業政策』（東京大学出版会、一九八三年）
・山脇之人『維新元勲十傑論』（一八八四年）
・湯川文彦『立法と事務の明治維新――官民共治の構想と展開』（東京大学出版会、二〇一七年）
・湯川文彦「井上毅――明治維新を落ち着かせようとした官僚」筒井清忠編『明治史講義【人物篇】』（筑摩書房、二〇一八年）
・歴史学研究会編『明治維新史研究講座』四（平凡社、一九五八年）
・渡辺幾治郎『大隈重信』（大隈重信刊行会、一九五二年）
・渡辺幾治郎『文書より観たる大隈重信侯』（一九三二年）
・渡辺俊一『井上毅と福沢諭吉』（日本図書センター、二〇〇四年）

画像出典

・国立国会図書館デジタルコレクション（一七・二八・三二・三五・三七・三九・四三・四五・五二・七四・七九・一三九頁）

図版作成　アトリエ・プラン

久保田 哲《くぼた さとし》

日本政治史学者。一九八二年、東京都生まれ。慶応義塾大学法学部政治学科卒業。慶応義塾大学大学院法学研究科政治学専攻博士課程単位取得退学。武蔵野学院大学教授。専攻・近現代日本政治史。博士（法学）。著書に『帝国議会――西洋の衝撃から誕生までの格闘』（中公新書）、『元老院の研究』（慶応義塾大学出版会）、共著に『なぜ日本型統治システムは疲弊したのか―憲法学・政治学・行政学からのアプローチ』（ミネルヴァ書房）などがある。

インターナショナル新書〇六四

明《めい》治《じ》十《じゅう》四《よ》年《ねん》の政《せい》変《へん》

二〇二一年二月一〇日 第一刷発行
二〇二一年三月二三日 第二刷発行

著者 久保田《くぼた》 哲《さとし》
発行者 岩瀬 朗
発行所 株式会社 集英社インターナショナル
〒一〇一-〇〇六四 東京都千代田区神田猿楽町一-五-一八
電話 〇三-五二一一-二六三〇
発売所 株式会社 集英社
〒一〇一-八〇五〇 東京都千代田区一ツ橋二-五-一〇
電話 〇三-三二三〇-六〇八〇（読者係）
〇三-三二三〇-六三九三（販売部）書店専用
装幀 アルビレオ
印刷所 大日本印刷株式会社
製本所 加藤製本株式会社

 ISBN978-4-7976-8064-5 C0221